ANGÉLIQUE

ET

JEANNETON.

I.

ROMANS

DU MÊME AUTEUR, *in-12*.

Garçon sans souci, fig., 2 vol.
Adélaïde de Méran, 4 vol.
Tableaux de Société, 4 vol.
Macédoine, 4 vol.
M. de Roberville, 4 vol.
L'Homme à projets, 4 vol.
Famille Luceval, 4 vol.
Théâtre et Poésies, 6 vol.
Jérôme, 4 vol.
M. Botte, 4 vol.
Cent vingt jours, 4 vol., contenant quatre Nouvelles, qui se vendent séparément, Adèle et Théodore, M. de Kinglim, Metusko ou les Polonais, Adèle et d'Abligny, fig.
Mon oncle Thomas, fig., 4 vol.
Folie Espagnole, fig., 4 vol.
Barons de Felsheim, fig., 4 vol.
Enfant du Carnaval, fig., 2 vol.
Mélanges, 2 vol.
Citateur, 2 vol.

Oh, Non, je ne suis plus jaloux ....

ANGELIQUE

ET

JEANNETON,

PAR PIGAULT-LEBRUN.

NOUVELLE ÉDITION, CORRIGÉE.

TOME PREMIER.

PARIS,

BARBA, Libraire, Palais-Royal, derrière
le Théâtre-Français, n° 51.

1817.

ANGELIQUE

ET

JEANNETON.

~~~~~~~~~~~~~~~~~~~~~~~~~

CHAPITRE PREMIER.

INTRODUCTION.

Je disais à mon voisin, homme de
mérite et de bon conseil, « Ce soir je
» commence un roman. Hé pourquoi
» un roman ? répondit le voisin. Vous
» avez fait des comédies assez drôles ;
» que n'en essayez-vous encore une ?
» — Ma foi, mon ami, c'est que cela
» ne rapporte rien. La plupart des
» directeurs des théâtres de Paris et
» des départemens préparent, dès le
» jour de leur ouverture, la banque-

Tome I.   A

» route frauduleuse qui n'étonne per-
» sonne et qui écrase, *sans qu'il y*
» *paraisse,* une foule d'individus.
» — Sans qu'il y paraisse ? — Sans
» doute, puisqu'on les laisse faire. Il
» est pourtant assez facile d'apprécier
» le tort que font ces gens-là à toutes
» les classes de la société. Quarante
» acteurs qu'on ne paie plus, doivent
» à quarante boulangers, à quarante
» bouchers, à quarante marchands de
» vin, à quarante cordonniers, à qua-
» rante tailleurs, à quarante blanchis-
» seuses; et quand le crédit de ces
» pauvres diables est épuisé, ils doi-
» vent à quarante commissionnaires
» du Mont-de-Piété, qui s'en moquent
» parce qu'ils sont nantis.

» Cependant les boulangers, les
» bouchers, les marchands de vin,
» les cordonniers, les tailleu s, les

» blanchisseuses font attendre au
» moins, s'ils ne font pas aussi ban-
» queroute, le farinier de Senlis ou
» de Gonesse, le bouvier de Mor-
» tagne ou d'Argentan, le vigneron
» de Mâcon ou de Beaune, le tan-
» neur de Pont-Audemer ou de Cau-
» debec, le fabricant de Sedan ou
» de Louviers, l'épicier-savonnier du
» Gros-Caillou ou de la Grenouillière;
» et si j'ajoutais à cela les couleurs,
» les brosses et la toile fournies au
» décorateur, les bois livrés au ma-
» chiniste; si je parlais du marchand
» de pantoufles du Palais, pour les
» pièces turques; du bonnetier, pour
» les pantalons de tricot dans les piè-
» ces espagnoles; si je mettais sur ma
» note le fabricant de galons de cuivre
» ou d'étain de la rue aux Fers; si j'y
» ajoutais le limonadier, la fruitière,

A 2 .

» la marchande d'huîtres ; si enfin je
» multipliais le tort que font mes qua-
» rante acteurs d'un seul théâtre, par
» vingt spectacles ouverts à Paris, ma
» note présenterait un total effrayant
» à ceux qui n'aiment pas les ban-
» queroutes, et tout cela, parce que
» le premier agioteur peut se dire :
» Demain je loue une salle, j'engage
» une troupe, et j'affiche. Si je ne
» fais rien, je ne paie pas. Si je fais,
» j'assure d'abord ma fortune, je porte
» chez moi les deux tiers des recettes,
» et je partage le troisième entre mes
» créanciers. D'abord ils se plaignent,
» je n'y prends pas garde ; ils crient,
» je crie plus haut qu'eux, ou je les
» endors avec des contes en l'air,
» et je vais mon train. N'est-il pas
» affreux...... — Ah ! le voisin a de
» l'humeur. — Et le voisin a raison

» d'en avoir. Si notre gouvernement
» assure à chacun le libre exercice de
» son industrie, ce brigandage dra-
» matique peut-il être confondu avec
» le travail honnête, utile, et par con-
» séquent licite ? L'art de Molière et
» de Racine doit-il être l'objet des
» spéculations de quelques aventu-
» riers ? Le génie de ces grands
» hommes n'est-il pas une propriété
» nationale? Chaque Français n'y a-t-il
» pas des droits réels, et ne peut-il
» pas dire à ses magistrats : C'est à
» vous qu'il appartient de sauver ces
» chefs-d'œuvres de la honte des tré-
» teaux et de l'oubli où vont les plon-
» ger les dissensions qui agitent les
» premiers théâtres. Toute la France,
» tous les peuples de l'Europe, qui
» venaient jadis admirer la scène
» française, invoqueront-ils en vain

» des lois qui répriment... — Allons,
» allons, calmez-vous, voisin; cela
» viendra peut-être. En attendant,
» commencez votre roman. — C'est
» ce que je vais faire. — Sera-t-il long
» ou court?—Je n'en sais rien.—Triste
» ou gai ? — Je ne le sais pas davan-
» tage. — Mais enfin quel sujet ?.....
» — Je n'en ai pas, et ne m'en embar-
» rasse guère.—Quoi, point de plan!
» — A quoi bon? un homme célèbre
» a dit, je ne sais où : Je suis bien sûr
» que si ma manière d'écrire n'est pas
» la meilleure, elle est au moins la
» plus religieuse. J'écris la première
» phrase, et je m'abandonne à la Pro-
» vidence pour le reste. — Je crains
» bien, voisin, que vous ne ressem-
» bliez à l'homme célèbre que de ce
» côté-là. — C'est toujours lui ressem-
» bler, et cette idée me fait sourire.

» Je remonte chez moi, et j'écris ma
» première phrase. — Bonne chance,
» voisin ; moi, je reprends mon
» rabot. »

CHAPITRE II.

J'entre en matière.

Un mot, par grâce, me dit une voix douce, au moment où je mettais mon passe-partout dans le trou de la serrure. Je me retourne, et, autant que me le permet la lumière fauve du réverbère, je vois une jeune femme assez proprement mise, dont l'attitude était suppliante. J'aime toutes les femmes, quoique je n'aie encore fait de sottises pour aucune : cela viendra probablement.

Lorsque je me retournai, la voix argentine répéta l'invitation. Je m'approchai, je pris une petite main que j'enfermai entre les miennes, et j'écoutai attentivement. Il m'a toujours semblé qu'on entend mieux une jeune femme quand on lui tient la main.

« Voudriez-vous me rendre un ser-
» vice essentiel ? Très-volontiers, ré-
» pondis-je après l'avoir regardée de
» plus près. — Vous voyez mon état. »
Je baissai les yeux, et je fus d'abord au
fait. « Vous vous êtes oubliée. — Oui,
» monsieur. — Votre mère n'est pas
» indulgente ? — Non, monsieur. — Et
» vous me demandez un asile ? — Oui,
» monsieur. — Vous croyez donc que
» cette nuit....... — Ou demain au plus
» tard. — Mais votre mère..... — Vous
» voudrez bien arranger cela. »

J'avais allumé mon rat-de-cave chez
le pâtissier dont la boutique touche à
ma porte, et c'est en montant l'escalier
que je me permettais cet interroga-
toire. La jeune personne, dont l'état
exigeait des ménagemens, appuyait
fortement son bras sur le mien, et j'en
étais bien aise.

Elle ne connaissait pas les êtres, et

de la main gauche j'avançais ma lumière ; je les connaissais très-bien, et
mon œil se portait furtivement sur la
plus jolie figure, qu'un air de langueur
rendait plus intéressante encore. C'est
quelque chose de bien attrayant qu'une
femme jeune, jolie, souffrante, et qui
se livre aveuglément à vous.

Quand nous fûmes dans ma chambre
à coucher, je pensai, en allumant mon
feu et en rangeant ma robe de chambre et mes pantoufles, qu'Antoine
m'avait préparées, je pensai que je faisais au moins une imprudence. « Dans
» une ville comme Paris, me disais-je,
» la friponnerie prend toutes les for-
» mes : si cette fille était une...... » Je
tournai la tête. Elle s'était mise sur un
canapé ; elle pleurait et me regardait
d'un air qui voulait dire : « Vous vous
« trompez. Je ne suis qu'une infortu-
« née, et vous me devez quelque re-

» connaissance pour la préférence que
» je vous accorde. »

Je pensai alors qu'il y a de la cruauté
à juger défavorablement les malheureux. Je m'approchai du canapé ; je
repris la main blanchette, et je la baisai en expiation, C'était bien le moins
que je pusse faire.

Je sonnai. Antoine entra. Il parut
étonné ; puis il sourit en me regardant
avec malignité. Je lui dis de mettre
des draps blancs à mon lit, et de m'arrêter une chambre à l'hôtel de Provence. Antoine me regarda une seconde fois, mais ne rit plus. Je n'ajou-
tai pas un mot ; mais je fus flatté de
n'avoir rien perdu dans l'estime d'Antoine.

Il est assez naturel de vouloir connaître quelqu'un à qui on donne un
asile, et je suis naturellement curieux.

Cependant je commandai à ma curio-
sité.

Je passai avec Antoine dans son cabinet, pendant que la jeune personne
se mettait au lit; mais je rentrai aussitôt que je crus pouvoir me présenter.
Je m'assis près du chevet; et pendant
qu'Antoine préparait une rôtie au vin,
dans ma petite casserole d'argent, je
hasardai encore quelques questions.

Elle répondit à tout avec ingénuité
et franchise. Antoine écoutait sans qu'il
y parût; et je jugeai, à la manière pré-
venante dont il présenta sa rôtie, que
la jeune personne l'intéressait autant
que moi.

CHAPITRE III.

Ma commère Jeanneton.

C'est la fille unique de madame Miroton, la marchande la plus riche et la plus brutale de la place Maubert, bonne femme d'ailleurs.

Elle était accordée à Bastien, garçon charcutier, dont l'extrême propreté donne envie à tous les passans de goûter de ses saucisses. Bastien aime Jeanneton de tout son cœur, et Jeanneton n'est pas en reste avec lui. Le mariage allait se conclure.

Monsieur Thibaut, fils d'un facteur de la poste aux lettres, s'est tant remué depuis quatre-vingt-neuf, qu'il est enfin entré dans un hôtel à lui, n'en sort que dans son carrosse, paie et nourrit bêtes et gens du produit de deux terres considérables qu'il a trouvées dans la ci-devant Beauce.

Monsieur Thibaut aime beaucoup les melons, et madame Miroton en vend d'excellens. Le cocher, *en fouettant à l'hôtel*, s'arrêtait devant la boutique, et Jeanneton présentait, en rougissant, et avec une petite révérence, le plus beau de ses cantaloups.

Monsieur Thibaut ne ressemble point à la plupart de ses pareils : il a des mœurs. Jeanneton avec ses deux déshabillés, sa demi-douzaine de chemises et trois fichus, dont il me semble qu'elle pourrait se passer, Jeanneton lui parut digne d'être parée des dépouilles de la république.

L'amour n'est pas spéculateur, et Bastien, qui ne possède au monde que dix-huit ans, des cheveux blonds et un teint de rose, est, aux yeux de Jeanneton, bien au-dessus d'un car rosse, d'un hôtel et de toutes les terres de la Beauce.

Cependant madame Miroton, qui n'entend rien à ces calculs de jeune fille, avait notifié sèchement à la sienne qu'il fallait épouser monsieur Thibaut. La timide Jeanneton n'avait osé répliquer, et était allée pleurer à l'autre bout de la place Maubert.

Bastien passait par hasard. Il vit Jeanneton et l'accosta. La petite le regarda avec complaisance, puis elle pensa à monsieur Thibaut, et se mit à pleurer plus fort.

Une cousine de Bastien, qui est dans la confidence, les fit passer dans son arrière-boutique, de peur que les pleurs de Jeanneton ne la rendissent la *risée* du marché. L'intention était louable.

Mais la cousine était restée sur le devant. Bastien est très-compatissant de son naturel, Jeanneton était bien innocente, et enfin...... enfin.....

Ici je l'interrompis et je lui fis prendre le reste de sa rôtie. Elle se remit un peu, et une rougeur excessive, qu'elle attribuait à l'effet du vin de Bordeaux, se calma insensiblement. « Ce n'est pas le vin de Bordeaux, « lui dis-je à l'oreille ; c'est la pudeur, « et cela vaut mieux. »

Jeanneton n'osait contredire sa mère, et elle avait eu le courage d'écrire à monsieur Thibaut : les extrêmes se touchent. Elle s'exprimait de manière à laisser pressentir à son futur le résultat de sa conversation avec Bastien. Elle invoquait sa générosité, et elle s'abandonnait à la Providence.

Monsieur Thibaut, qui ne manque pas d'une sorte de délicatesse, avait ménagé l'infortunée, et rompu avec madame Miroton, sans entrer dans aucun détail.

Bastien n'en était pas plus avancé; la maison lui était toujours interdite, mais la cousine était obligeante, et il était difficile à deux jeunes gens amoureux de ne pas retourner à l'arrière-boutique.

Cependant le lacet était devenu trop court, et le corset trop étroit. On serrait, on comprimait, et on était arrivé, à travers mille embarras, au moment où j'avais mis mon passe-partout dans la serrure.

« Et pourquoi vous être plutôt adres- « sée à moi?....... — La cousine de « Bastien aime à causer, et ma mère « m'ira sûrement chercher chez elle. « Monsieur Antoine prend chez nous « votre beurre frais et vos petites raves: « il dit sans cesse du bien de vous; « c'est ce qui m'a déterminée. »

Tome I. B

Je regardai Antoine. Il paraissait content de lui, et j'avoue que je ne l'étais pas moins de moi.

C'est un très-bon domestique, qu'Antoine; il a une qualité qui paraîtrait un défaut essentiel à bien des gens, c'est de chercher à tout savoir, de dire tout ce qu'il sait, et voilà pourquoi je le garde; il m'impose l'obligation de ne rien faire que d'honnête.

« Marguerite, dis-je en sortant à la « portière, vous coucherez dans le lit « d'Antoine. Si vous entendez la son- « nette de ma chambre, vous courrez « à l'hôtel de Provence, où nous allons « passer le reste de la nuit. »

CHAPITRE IV.

Le baptême.

Il était trois heures du matin, et je ne dormais pas encore. Je pensais aux moyens de réconcilier Jeanneton avec sa mère, lorsqu'on frappa à ma porte à coups redoublés. Antoine s'était jeté tout habillé sur un matelas; il fut ouvrir : c'était Marguerite qui venait, aussi vite que le permettaient ses soixante ans, m'avertir qu'on sonnait chez moi à rompre le cordon.

J'envoyai Antoine en avant, et je lui recommandai de ne laisser entrer personne jusqu'à mon retour. Je ne voulais pas que Jeanneton eût à rougir devant d'autres que moi.

Je m'habillai à la hâte, et je courus chez madame Durand. En cinq

B 2

minutes elle fut prête, sa lanterne allumée, et nous partîmes.

Madame Durand est très-communicative, et sur-tout très-questionneuse. Elle me demanda si la grossesse avait été heureuse, quels accidens on avait éprouvés; si j'étais le père, le frère, ou simplement un ami. Je répondis que la première qualité d'une sagefemme est la discrétion, et madame Durand se tut.

J'entrai le premier, je détachai d'une croisée un petit rideau de linon bien blanc, j'en couvris le joli visage de Jeanneton, et je l'attachai, avec une épingle, au haut de son bonnet rond. Elle me serra la main : je compris qu'elle me savait gré de l'attention.

Je fis entrer madame Durand, et je lui donnai Marguerite pour l'aider; j'ouvris mon armoire au linge, et je

me retirai avec Antoine, après avoir
expressément défendu à ces dames de
lever le rideau de linon.

Nous n'étions séparés que par une
mince cloison. J'entendais des cris
étouffés, et je n'étais pas à mon aise.
« Ah! disais-je, est-ce bien du plai-
« sir, ce qu'on paie par tant de souf-
« francs ? »

Jeanneton se tut tout-à-coup, une
petite voix aigrelette se fit entendre, et
il me sembla qu'on m'ôtait un poids
énorme de dessus la poitrine.

Madame Durand passa bientôt devant le cabinet d'Antoine. Elle me
fit une profonde révérence; j'entendis
ce que cela voulait dire. Je lui rendis
son salut, en lui mettant un double
louis dans la main, et elle me pro-
digua révérences et complimens jusqu'à la porte de la rue, que je fermai
sur elle.

« Monsieur, me dit Marguerite, lors-
« que je remontai, cette demoiselle là
« vous trompe. — Ah, ah ! — Elle a sou-
« vent nommé Bastien. — En vérité ?
« — Ce Bastien est le plus joli garçon
« du quartier. — Diable !

« Parbleu ! dis-je à Antoine, lorsque
« Marguerite eut fini son bavardage,
« et que je l'eus éconduite, je conçois
« que l'homme qui a fait à une femme
« tant de bien et tant de mal, doit
« lui être infiniment cher. Encore un
« service à Jeanneton : va lui chercher
« Bastien. »

Je levai moi-même le rideau de
linon, et je la trouvai bien. Je regardai
le nouveau-né ; il était bleu. « On fait
« des fautes, m'écriai-je involontaire-
« ment, et pour les cacher, on s'ex-
« pose à être parricide. » Oh ! combien
je me repentis de cette sortie grossière !
La mère fixa son enfant ; une larme

vint mouiller sa paupière...... je m'em-
pressai de l'essuyer.

Bastien entra. Jeanneton sourit en
le voyant. Elle se souleva avec peine,
prit son fils dans ses bras, et le présenta
à son père. Bastien les baisa l'un et
l'autre, il les baisa, les rebaisa encore ;
il ne me voyait pas, et je lui en sus
bien bon gré.

Il me demanda pardon, et je l'embrassai. Il reprit l'enfant et le regarda
quelque temps en silence. Son œil se
vo'lait, sa poitrine se gonflait, sa respiration était embarrassée. Il se sou-
lagea en accablant de nouvelles caresses le petit bambin et sa Jeanneton. « Le premier moment, me disais-
« je, n'était pas à lui ; la nature l'en-
« traînait. Il a eu le temps de réfléchir,
« et cependant il est le même : Bastien
« est un honnête garçon. »

Il faisait jour, je l'en avertis, et je le

priai de se retirer. « Ah! un mot, mon
« ami Bastien. Sous quel nom le ferai-
« je enregistrer? Comment donc;
« monsieur? reprit-il avec véhémence.
« — Si vous le reconnaissez, madame
« Miroton........ — N'empêchera pas
« que je ne sois le père de mon enfant.
« Ce pauvre petit, ma Jeanneton et
« de l'ouvrage, voilà tout ce que je
« désire. — Va, brave jeune homme,
« ajoutai-je tout bas, tes vœux seront
« accomplis. »

J'ai aussi un carrosse quand je veux.
Je fis monter avec moi Bastien et
Marguerite, et nous nous rendîmes à
la Maison commune. La naissance du
petit fut constatée, et je revins déjeuner à côté de ma commère Jeanneton.

Elle avait prié monsieur Antoine
d'aller lui chercher un vieux prêtre
de sa connaissance. Il est pauvre et

timide comme la plupart des prêtres
d'aujourd'hui. Il débita pourtant force
sottises théologiques, et je le laissai
dire : l'infortune mérite des égards.

L'immersion faite, et mon filleul
purgé de la tache originelle, le prêtre
prit congé de nous. Je le suivis, et je
glissai sous sa capote percée au coude,
ma petite casserole d'argent. Je suis
bien sûr qu'il l'a vendue ; mais je crois
que je l'aurais humilié en lui offrant
ma bourse.

CHAPITRE V.

La réconciliation.

Il était une heure après midi lorsque je descendis chez monsieur Thibaut. C'est un homme de bonne mine, qui s'exprime assez correctement, et qui a des qualités. Peut-être Jeanneton a-t-elle eu tort..... Mais il y a un enfant, et on ne revient pas là-dessus.

Je ne m'étais pas tout-à-fait expliqué, que monsieur Thibaut ouvrit son secrétaire, et en tira un petit sac qu'il me mit dans la main. « Quoi que » ce soit, dis-je, j'en mettrai au- » tant. » Je compte....... mille écus. » Avec six mille francs, Jeanneton » peut commencer sa petite fortune. » — Elle vous intéresse donc aussi? » — Je lui ai été utile, et je sens que

» rien n'attache comme un service
» rendu. »

Je quittai mon carrosse au bas de
la rue des Noyers, et j'entrai dans la
boutique de madame Miroton. Je
voulais marchander des oranges, car
il faut commencer par quelque chose.
La boutique était remplie des commères du quartier, et madame Miroton criait à tue-tête que la fuite de sa
fille la déshonorait. « C'est une malheu-
» reuse, c'est une ci, c'est une là; »
et ses joues étaient enluminées, son
œil était ardent, et elle frappait le pavé
de son sabot.

J'aurais pu lui répondre : C'est vous
qui déshonorez Jeanneton. Si vous
aviez su vous taire, on eût ignoré son
escapade, et elle serait rentrée, sans
que personne eût remarqué son ab-
sence. Mais je ne l'interrompis point ;
et qu'y aurais-je gagné ? La colère et

C 2

la démence se ressemblent sous bien
des rapports, et on ne persuade pas
un fou.

On se lasse de tout, et la femme la
plus acariâtre se fatigue même de crier.
Madame Miroton, sans haleine et sans
voix, se laissa tomber sur sa chaise,
et les commères délièrent ses cordons,
et lui firent respirer du vinaigre. Elles
avaient alimenté, soutenu, partagé son
ressentiment : elles la soulagèrent avec
la même vivacité : les commères sont
bonnes à tout.

Un profond accablement succéda à
la fureur. Madame Miroton changea de
ton et de style. Elle pleura sur sa fille
qu'elle avait maudite si énergique-
ment : c'est là que je l'attendais. Le
moment était précieux, et je me gardai
bien de le laisser échapper. *Ce qui est
différé n'est pas perdu*, dit le pro-

verbe, et moi je dis : *Ce qui est différé ne se retrouve jamais à propos.*

Je tenais une orange de chaque
main, et je les faisais sauter ; cela me
servait de contenance. Je m'approchai
de madame Miroton, et je lui dis tout
bas, que si elle voulait être bonne
mère, la petite Jeanneton reviendrait.
» Ah! monsieur..... mon bon mon-
» sieur, pourriez-vous me donner des
» nouvelles de cette chère enfant, »
reprit très-haut madame Miroton, qui
n'a de secret pour personne ; et deux
mains larges et potelées me pressaient
les deux joues, et deux lèvres épaisses
et vermeilles se reposaient sur les
miennes.

Les caresses de madame Miroton
n'ont rien de séduisant ; mais je m'y
prêtai de bonne grâce : l'intérêt de
Jeanneton l'exigeait.

« Vous la verrez, poursuivis-je

» toujours très-bas, vous la verrez
» aujourd'hui même, et vous embras-
« serez votre petit-fils. Ah! mon Dieu!
» ah, mon Dieu! s'écrie plus haut que
» jamais madame Miroton, qu'est-ce
» que vous me dites là?..... Ce petit
» coquin de Bastien aura fait des sien-
» nes : c'est lui, n'est-il pas vrai, mon
» beau monsieur ? — Oui, c'est lui,
» et il a six mille francs pour payer les
» mois de nourrice. — Six mille
» francs!...... six mille francs! ... » Et
madame Miroton se lève, et, les deux
poings sur les rognons, elle danse
dans sa boutique, en chantant l'air de
la fricassée. « Je suis grand'mère,
» ma commère Catherine, je suis
» grand'mère, ma commère Fanchon....
» je suis grand'mère, et je ne m'en
» doutais pas. »

Antoine avait exactement suivi mes
ordres. Le carrosse parut devant la bou-

tique; je donnai le signal, la portière
s'ouvrit, et Marguerite parut, le petit-
fils dans ses bras. Madame Miroton le
barbouilla de tabac, mêlé à ses larmes
maternelles; toutes les commères se le
passèrent, en jurant que c'était le portrait de feu monsieur Miroton.

Bastien était resté dans le carrosse,
et regardait, du coin de l'œil, ce qui
se passait dans la boutique. La bonne
humeur de la grand'maman l'enhardit.
Il se présenta d'un air décent, mais timide. Je lui remis les mille écus de
monsieur Thibaut, et trois billets de
la caisse des comptes courans. Stupéfaction, ravissement de la part de Bastien,
et bientôt l'assurance que donne toujours l'or, et sur-tout à celui qui n'en
a jamais eu.

Bastien fit à madame Miroton un
compliment fort bien tourné pour un
garçon charcutier. «Allons, allons,

C 4

» dit-elle, ce qui est fait est fait : à tout
» péché, miséricorde.Où est-elle, cette
» chère enfant ? »

Nous partîmes tous au grand trot de
deux forts chevaux, et en un moment,
nous arrivâmes chez l'accouchée.

Je montai l'escalier en quatre sauts.
« La paix est faite ! criai-je en entrant ;
» la maman me suit, préparez-vous à
» la recevoir. » Madame Miroton était
sur mes talons, elle s'approcha du lit,
et prenant un ton aussi imposant que le
permettait sa voix rauque, elle dit :
« Tu as fait un faux pas, Jeanneton.
» Que le bon Dieu te pardonne comme
« ta mère. »

Bastien se mit à genoux, et madame
Miroton le bénit aussi avec toute la
dignité dont elle était capable.

J'aime les enfans qui croient que la
bénédiction de leurs parens est bonne

à quelque chose : j'aime les parens qui sont dignes de bénir leurs enfans.

La mère et la fille se tinrent long-temps embrassées, et le visage de Jeanneton était rayonnant, et Bastien était content, il était content!..... Et moi, et moi donc!

Je retournai le soir à l'hôtel de Provence, et j'éprouvai que rien ne fait dormir d'un bon somme, comme le bon emploi du temps.

CHAPITRE VI.

La noce.

Il n'était que huit heures, et je ne les attendais qu'à neuf. Le bonheur et la peine font également lever le matin.

Madame Miroton avait son *caracau* de taffetas chiné, ses mules de maroquin rouge, et son bonnet de dentelle à trois rangs : Jeanneton et Bastien étaient parés de la jeunesse, qu'embellit le plaisir.

Jeanneton n'avait pas osé mettre la fleur blanche derrière sa coiffure. Marguerite en fit la remarque. Je la pinçai à la faire crier : je ne puis souffrir qu'on humilie personne, même sans intention.

J'étais l'homme par excellence de la petite famille : pendant qu'Antoine

versait le chocolat, madame Miroton
me parla du contrat de mariage. Bastien reconnaissait avoir reçu six mille
livres de Jeanneton. Je demandai qui
avait exigé cette clause. Madame Miroton me répondit que Bastien l'avait
voulu ainsi. Il rougit et baissa les
yeux. Rougir d'un beau trait, lorsque
tant d'autres !.....

Monsieur Thibaut entra sans cérémonie. Je ne l'attendais pas ; sa cordialité me fit plaisir. Sa présence
embarrassa d'abord mes jeunes amis : il
eut le bon esprit de mettre tout le
monde à son aise, en s'y mettant lui-
même, et en parlant de toute autre
chose que de ce qui avait causé l'embarras.

Il tira une belle chaîne d'or, et demanda à Bastien la permission de la passer au cou de Jeanneton. J'avais deux
montres, et il ne m'en faut qu'une. Je

pris celle qui restait sur ma cheminée, et je priai Jeanneton de l'offrir de ma part à Bastien. « Il aimera mieux la » tenir de votre main que de la » mienne, et il ne la tirera jamais sans » se rappeler le jour et l'heure où il » aura promis de vous rendre heu- » reuse. »

L'église était pleine de monde. Des hommes, la plupart le chapeau sur la tête ; de jeunes filles juchées sur des chaises, et ricanant avec indécence ; les enfans des écoles voisines jouant, ou se disputant ; des officiers munici- paux indifférens à l'acte qu'ils al- laient consacrer ; tous parlant plus ou moins haut, et, par-dessus tout cela, des airs d'opéra, tel est le tableau qui s'offrit à moi, et ce tableau me fit de la peine.

Le mariage est la base de tous les

liens sociaux. Pourquoi ne pas le rendre respectable?

Pourquoi ne pas établir le plus grand
ordre pendant la cérémonie ?

Pourquoi ne pas chercher à lui donner un caractère auguste ?

Pourquoi les assistans ne seraient-ils
pas invités à observer la plus rigou-
reuse décence, et pourquoi ne chasse-
rait-on pas du temple celui ou celle qui
ne sait pas honorer le mariage ?

Pourquoi ne pas placer les épouses
et leurs mères d'un côté des magistrats, et de l'autre les époux et leurs
pères ?

Pourquoi les jeunes époux, au lieu
de venir tumultueusement devant celui qui va les unir, ne lui sont-ils pas
présentés par leurs parens, avec respect et modestie ?

Pourquoi le magistrat qui proclame
les mariages, se borne-t-il sèchement

aux formalités prescrites par la loi?
Pourquoi n'adresserait-il pas aux
époux un discours qui leur rappelle-
rait la sainteté des engagemens qu'ils
contractent, et qui les féliciterait
d'avoir mérité d'être chefs de famille
à leur tour, pour avoir dignement
rempli leurs devoirs de fils et de
fille ?

Ils sentiraient le reproche au fond
du cœur, ceux qui ne mériteraient
pas l'éloge; ils voudraient peut-être
le mériter un jour, ceux qui ne sont
encore que simples spectateurs, et les
mœurs y gagneraient. Heureux le
gouvernement qui arrive, par la per-
suasion, où les lois ne peuvent at-
teindre !

Je voudrais que la cérémonie fût
terminée par une hymne, accompagnée
par l'orgue, et non de ces chanson-
nettes qu'accompagnent des violons

et des clarinettes. On sort du temple en fredonnant un petit air ; on en sortirait pénétré d'un respect religieux.

Monsieur Thibaut avait apporté le vin de dessert et la liqueur des îles ; Bastien avait voulu fournir l'andouillette et les pieds à la Sainte Menehould ; l'obligeante cousine, la marée, et madame Miroton, l'abricot, la pêche et la reine-claude. Jamais repas ne me coûta moins et ne me fit autant de plaisir.

Monsieur Thibaut est un homme fort estimable, à quelques petites choses près. On peut oublier la rapidité de sa fortune, puisqu'il en use bien. Je sens que j'en ferai mon ami.

C'est une assez bonne femme, que la cousine, et sa grande complaisance est, je crois, son défaut essentiel. Aussi je lui conseillai de ne plus recevoir de

jeunes gens dans son arrière-boutique :
cela ne réussit pas toujours.

Madame Miroton fait parfaitement
bien les honneurs d'un dîner. Elle parle
beaucoup, et elle a des idées originales.
Elle met des *s* où il faut des *t*, des *t* où
il faut des *s* : oubliez que vous êtes
grammairien, et madame Miroton vous
amusera.

Jeanneton et Bastien ne disaient
mot. Ils se regardaient : cela voulait
tout dire.

Jeanneton est très-aimante, et il est
très-doux d'être aimé. Il est des momens où Jeanneton me donnait des
envies de mariage........ Au reste, je
verrai.

Je n'ai pas trente ans, et je puis attendre. J'ai, dit-on, une figure pas-
sable, et, ce qui vaut autant, quarante mille livres de rente. Je ne dé-
pense que la moitié de mon revenu,

et

et je peux disposer des économies de quatre ans : avec cela, on se marie quand on veut, et à peu près à qui on veut.

Nous mîmes Jeanneton et Bastien au lit. C'était une chose à voir et non à décrire. Quand je fus couché, je m'aperçus, pour la première fois, que j'étais seul, et je soupirai.

———

CHAPITRE VII.

La reconnaissance..

Ils ont loué une jolie boutique au coin de la rue de Bièvre; ils l'ont arrangée de manière à attirer le chaland : le goût s'est joint à la grande propreté.

Ils ont aussi une arrière-boutique, mais ce n'est que pour eux. J'y entre pourtant quelquefois, quand Bastien y est avec sa femme.

Il veut absolument nous rembourser, monsieur Thibaut et moi. Il nous envoie tous les jours ce qu'il a de mieux chez lui, et il écrit.

J'avais d'abord rejeté cet arrangement; mais monsieur Thibaut, qui a le sens droit, m'a dit : « Laissons-le

» faire ; la nécessité du travail lui en
» fera contracter l'habitude. »

En conséquence monsieur Thibaut,
qui tient table ouverte, sert tous les
jours à ses convives des entrées de la
boutique de Bastien, et je m'accou-
tume à dîner avec le bout de boudin,
le morceau de petit salé, ou la tranche
de jambon.

J'aime que Bastien ne veuille rien
devoir qu'à lui-même. Je lui donnerai
une petite fête le jour où il me présentera un mémoire de mille écus.
Cette fête n'aura lieu que dans cinq
ou six ans...... Je voudrais que ce fût
demain.

Jeanneton pense aussi bien que son
mari, et elle s'est mise à la tête de mon
petit ménage. Elle s'est chargée exclusivement du soin de mon linge, et elle
le raccommode à merveille.

Tous les matins, avant que d'ouvrir,

D 2

elle vient donner le coup d'œil chez moi. Souvent elle m'éveille; mais je ne m'en plains pas.

Elle ouvre mes volets; elle s'assied sur la bergère qui est près de mon lit; elle prend ma chemise du jour, elle enfile son aiguille, elle me conte quelque histoire, et quelquefois je me rendors en écoutant. Assez communément je m'éveille davantage; je la considère, et intérieurement je félicite Bastien.

Antoine a beaucoup d'égards pour Jeanneton. Elle passe dans son cabinet pendant que je mets ma robe-de-chambre, et Antoine ne manque jamais d'épousseter le siège rembourré qu'il lui présente.

Bastien ne veut pas que sa femme aille au Grand-Salon. On y entend, et on y voit, dit-il, ce qu'une femme décente ne doit ni voir, ni entendre.

Mais Bastien la conduit chez moi,
j'y laisse vient ou ne vient pas la reprendre. Quel intérêt de mon argent!...
Oh! j'en prêterai encore.

Ce matin elle était sur ma bergère;
il ne manquait rien à ma chemise, et
nous causions. Elle me parlait de son
bonheur; cette idée me riait. Je lui
parlais de mes espérances; ce qui
m'intéresse lui rit aussi. « Mariez-vous,
» me disait-elle d'un air de langueur.
» — Ah! si je trouvais une Jeanne-
» ton..... »

Je ne sais comment cela s'est fait....
elle n'était plus sur la bergère. Elle
était assise sur le bord de mon lit, je
tenais une de ses mains, et je crois
que je l'ai baisée. Je lui ai adressé quelques mots sans suite; elle m'a répondu
de même, et nous déraisonnions tous
les deux. Je lui ai dit je ne sais quoi
de très-sentimental : sa charmante

figure s'est colorée. J'ai soupiré, et
elle m'a embrassé......peu s'en est fallu
que j'aie osé...... heureusement j'ai
pensé à Bastien.

Je ne veux plus de ces baisers-là. Si
Jeanneton n'est pas faible, je me brouil-
lerais avec elle ; si elle l'était, je me
brouil erais avec moi.

J'ai sonné. « Marguerite, toutes les
» fois que Jeanneton viendra, vous
» monterez, et vous ne descendrez
» qu'avec elle. — Qu'avez-vous à crain-
» dre, monsieur? Jeanneton est une
» honnête femme. — Oui, et je veux
» qu'elle le soit toujours. »

Toute autre se serait permis des
plaintes, peut-être même des éclats :
elle m'a entendu, et n'a point paru
humiliée. Elle s'est retirée en me
disant avec une douceur angélique :
» J'aurai peut-être une fille, et c'est à
» vous que je la confierai. »

Un quart d'heure après, Bastien est entré. Il s'est jeté dans mes bras, en versant des larmes de tendresse. « Oh, » me suis-je dit, elle lui a tout confié! » Jeanneton est une femme estimable, » et j'ai toujours des droits à l'amitié » de Bastien. »

Oui, si je trouve une Jeanneton, je l'épouserai. Mais la femme d'un autre ne s'asseoira plus, ni sur ma bergère, ni sur le bord de mon lit. Un éclair de plaisir....... Mais le déshonneur du mari, les larmes de l'épouse séduite, les remords du séducteur........ Non, je n'embrasserai plus que Bastien, et je penserai, en l'embrassant, au danger d'embrasser sa femme.

CHAPITRE VIII.

La succession.

Tout est mêlé de bien et de mal
Le pauvre a ses jouissances comme l
riche, et il y est plus sensible, parc
qu'elles sont plus rares.

C'était un jour de fête. Il y avai
illumination, feu d'artifice, tout c
qui fait courir les badauds, et nou
le sommes tous plus ou moins.

Bastien. avait conduit sa Jeanneto
aux Champs-Elysées. Fatigués de s'êtr
soutenus sur la pointe des pieds, et d'a
voir tendu le cou pour mieux voir le
fusées volantes, ils étaient entrés. da
un café.

En faisant mousser la bière de mars
en goûtant l'échaudé, en regardant
sa femme, en jouissant de la manière
don

dont la regardaient ceux qui allaient
et venaient, Bastien avait pris je ne
sais quelle gazette, qui était là pour
servir de maintien à ceux qui ne savent que dire, et qui sont bien aises
d'avoir l'air de penser.

« Oh, Jeanneton........, ma chère
» Jeanneton » !.... Et il se lève tout-
à-coup, et il embrasse sa femme d'aussi
bon cœur que le jour où il s'était trouvé, pour la première fois, avec elle
dans l'arrière-boutique de la cousine...
Vous vous rappelez bien ?

Jeanneton, stupéfaite, ouvre ses
grands yeux bruns, et Bastien saute
par le café, la bienheureuse gazette
à la main.

On le croit fou, on se le dit il l'entend. « Oui, je suis fou, mais c'est de
» ma Jeanneton, et je compte bien
» ne pas retrouver ma raison de sitôt.

Tome I.   E

» Tiens, femme ,......... lis......., lis
» donc. »

C'était le juge de paix de Caudebec ,
qui avertissait ses concitoyens , que
Paul Herbin venait de mourir , qu'il
laissait vingt mille francs en espèces
sonnantes , et qu'il avait déclaré avoir
à Paris un cousin assez éloigné , qui
était son unique héritier.

« Ce cousin-là , c'est moi, ma Jean-
» neton. Tu n'auras pas encore un car-
» rosse , mais tu ne gâteras plus tes
» jolies petites menottes ; tu ne te lè-
» veras plus avant le jour ; j'aurai un
» garçon , et tous les matins je resterai
» une heure de plus à tes côtés, Nous
» rendrons à monsieur Thibaut , et
» à cet autre que j'aime bien davan-
» tage , ce qu'ils nous ont prêté......
» Allons, viens, viens......... Prenous
» un fiacre , pour arriver plus vite.
» On peut se permettre cela , quand

» on hérite de vingt mille francs. »

J'allais me coucher. J'entends frapper à grands coups à la porte de la rue. Bientôt on sonna comme Jeanneton sonna une certaine nuit........ vous savez ?

J'ouvris avec assez d'inquiétude, et je souris aussitôt. C'est toujours ce qui m'arrive quand je les vois.

Jeanneton me fit des excuses sur l'heure....... « L'heure n'y fait rien, » lui dis-je : je ne compte que celles » où vous n'êtes point ici. »

Le cerveau de Bastien ressemblait à un volcan. Il voulait que je le devinasse avant qu'il eût parlé ; il me présentait la gazette, et il voulait que je lui répondisse avant que d'avoir lu.

Nous nous expliquâmes enfin. Il tira de son petit porte-feuille vert son extrait de baptême, les actes de mariage de son père et de son aïeul, et je

E 2

fus convaincu que Bastien était le cousin dont parlait le juge de paix.

Il extravagua quelques minutes encore. Son imagination se fit enfin à
l'idée de sa nouvelle fortune ; il se
calma ; mais il commença à éprouver
l'embarras des richesses. Où serrer
tant d'argent, quel emploi en faire
quand on l'aurait, comment tirer ses
fonds de Caudebec ? Il fallait y aller...
Y aller ! il fallait donc abandonner
son petit négoce pendant quinze jours ,
et peut-être un mois. Les pratiques
pouvaient s'éloigner....... on s'en serait
consolé ; mais s'éloigner de Jeanneton !

Et puis que faire à Caudebec ? On
n'entend pas les affaires , et les gens
de chicane les entendent si bien ! et
l'homme qui n'a pas un certain exté-
rieur, a tant de peine à se faire rendre
justice !

A chacun des obstacles qu'il pré-
voyait, il s'arrêtait et me regardait.
Je voyais où il allait en venir ; je voulus
avoir le mérite tout entier de cet autre
service.

« J'irai à Caudebec. » J'eus à peine
prononcé ces trois mots, que Bastien
me sauta au cou. Jeanneton me serra
la main...... Elle n'ose plus m'embrasser.

Son mari était là ; je la baisai au
front, et cependant je sentis..... Oui,
j'irai à Caudebec ; il est bon que je
m'éloigne d'elle : c'est un sacrifice ;
mais je lui serai utile, et cela me dé-
dommagera.

CHAPITRE IX.

Le départ.

JE ne connais rien d'aussi ennuyeux qu'un voyage dont les relais, les dîners, les couchers sont arrêtés d'avance.

Au bas de son escalier, on trouve son carrosse. On monte, on s'enferme, on marche, on s'arrête méthodiquement; on bâille, on dort, on digère : on a fait cent lieues, on n'a rien remarqué, on n'a joui de rien. On est dans une autre ville, voilà tout. C'est, au temps perdu près, comme si on passait de sa chambre à coucher dans un salon nouvellement décoré, et qu'on n'a pas vu encore.

Cette manière de voyager n'est supportable qu'autant qu'on a dans sa

voiture quelqu'un qui..... Avec elle,
par exemple, je passerais des mois en-
tiers dans mon carrosse....... Allons,
allons, plus de ces pensées-là. Si elles
reviennent, pourtant.....

J'ai fait partir d'avance mon équipage, et je l'envoie directement à
Caudebec. Je ne connais point ce juge
de paix, et je sais qu'un homme qui
descend d'une élégante voiture, commande ordinairement l'attention.

J'ai mis à la diligence une valise
pour Rouen. Jeanneton n'y sera pas;
mais la propreté est par-tout un
besoin.

Je partirai à pied. Il fait le plus beau
froid! J'aurai à peine dépassé la barrière, que mes souliers seront pou-
dreux comme au mois de mai ou de
floréal. Je préfère floréal : ce mot me
peint la nature parée de ses plus riches
couleurs.

E 4

Je m'arrêterai quand je le voudrai. Je resterai dans un bourg, dans un hameau aussi long-temps que je m'y plairai. Je m'en irai quand je ne m'y plairai plus. Je prendrai même la poste pour m'éloigner plus vite des lieux où rien ne parlera à mon cœur. Ce qui ressemble à tout, ne mérite pas un coup d'œil de l'homme sensible.

Mais un site agreste et romantique; ces chênes respectables, ces rochers blanchis par les ans; une vallée riante et fertile; le laboureur souriant à l'espoir d'une abondante moisson; le vieillard, courbé sur sa charrue, appuyant légèrement sa main sur celle de son petit-fils, qui trace son premier sillon; la fête champêtre où le jeune époux danse, boit avec sa femme, et la caresse à faire croire aux habitans des villes que sa femme n'est pas la sienne; c'est là que je m'arrêterai à chaque pas, c'est là que tout sera jouissance.

Mais je crois que je déraisonne encore. C'est le printemps que je peins, et nous sommes au fort de l'hiver. Ma pauvre tête....... Cette femme-là renverse toutes mes idées.

Hé bien, je ne verrai rien de tout cela. Mais les frimas suspendus aux arbres, la terre couverte de neige, l'uniformité momentanée de la nature, n'ont-ils pas aussi leur agrément ? J'aurai Werther dans ma poche ; je lirai en marchant, dussé-je souffler sur mes doigts.

Ce Werther ne m'a pas toujours plu ; j'en raffole aujourd'hui. Serait-ce à cause de certains rapports....... La voilà qui revient encore....... Il faut la fuir à l'instant, à la minute, et je crains bien de la retrouver par-tout.

« Antoine, prenez ces sacs d'écus,

» faites-les porter chez monsieur Thi-
» baut. Vous lui direz que je le prie
» de les garder jusqu'à mon retour. Il
» vous présentera une reconnaissance,
» vous la déchirerez. Il insistera, vous
» sortirez. »

Antoine et mes écus rangés dans
un fiacre, j'ai mis une chemise dans
une poche, un bonnet de coton dans
l'autre ; j'ai fermé ma porte, j'ai donné
la clef à Marguerite, je lui ai recommandé mon petit mobilier et mon
vieux domestique.

Je l'aurais volontiers pris avec moi,
mais il aurait eu peine à me suivre,
et je ne veux pas gêner le bon Antoine.
D'ailleurs son premier soin, en entrant
dans une maison, serait d'instruire le
maître, la maîtresse, les enfans, de ce
que je suis, de ce que je fais, de ce
que j'ai ; et s'il m'arrive d'être favorablement accueilli quelque part, je

n'en veux avoir obligation ni à mon carrosse, ni à mes quarante mille livres de rente.

C'est pourtant tout cela qui l'a prévenue en ma faveur. Heureusement, très-heureusement, elle a oublié ces bagatelles, et quand elle me sourit, c'est bien à moi que son sourire s'adresse.

Me voilà dans la rue. Je demeure près du collège de Navarre, et mon chemin est par la rue Galande. Pourquoi tourné-je du côté de la rue de Bièvre ? Irai-je, ou n'irai-je pas ?

Pendant que je me consulte, mon œil darde au fond de la boutique de madame Miroton. J'entrevois un juste de piqué blanc, un jupon de cotonnade rouge, un chignon flottant, arrêté par un bonnet rond, dans les plis duquel paraissent jouer les Grâces.....

Je pense que je ferai bien de prendre quelques fruits. On peut avoir soif en route, et une orange vaut bien le vin d'un cabaret de village. J'entre chez madame Mirotou.

Le juste blanc se tourne de mon côté. « Hé, où allez-vous? dit la voix » argentine. — A Caudebec. — Com- » ment, à pied! — Je serai seul, et » plus libre de penser..... — Mais vous » ne m'avez rien dit de cela? — Oh, » je ne vous dis pas tout. — Combien » je suis sensible à ce que vous faites » pour nous..... » Sa sensibilité s'ex- prime d'une manière....... Elle a un regard..... Cette main, que je ne cher- che jamais, se trouve toujours à côté de la mienne, et on ne pense pas à la retirer.

Le sentiment s'insinue par tous les pores. Il est un être dont je ne devrais pas même toucher le vêtement.

Je faisais cette réflexion en courant le long des quais. Je ne me suis arrêté qu'à Passi. Je me suis retourné, et je n'ai vu personne. J'ai eu un moment d'humeur, et je l'aurais battue si elle avait été aussi folle que moi. Les hommes sont inexplicables.

CHAPITRE X.

Vingt-et-une livres.

RIEN de ce que j'avais prévu n'arriva. Tous les objets me parurent maussades, fatigans. Je crois qu'il faut être de bonne humeur pour voir les choses en beau , et j'étais triste... ah!..

J'étais entre Neuilly et Courbevoie. Je tirai Werther de ma poche, et j'ouvris le livre à la fin. Je ne sais pourquoi je l'ouvre souvent là. Serait-ce un pressentiment?

J'en étais au coup de pistolet. J'entends du bruit... Trois enfans jouaient et se roulaient dans la neige. Ils étaient gros , frais , gaillards. . . . . On les eût pris pour des Amours, sans les haillons qui leur couvraient une partie du corps.

Je m'arrêtai pour les regarder. Ils se jetaient des pelottes de neige ; il m'en vint une au milieu du front ; j'en renvoyai vite une autre, et voilà la connaissance faite.

J'en recevais toujours trois pour une ; j'étais blanc de la tête aux pieds. Je me piquai, je courus sur mes trois adversaires, je glissai, je tombai, et en trente secondes me voilà enseveli au beau milieu du grand chemin.

L'un me tenait les deux bras, que je lui abandonnais ; le second s'était assis sur mes jambes, le troisième me couvrait de neige, et ils riaient aux éclats, et je riais comme eux.

Une pauvre mère, déguenillée aussi, vint gronder, et très-fort. Elle avait une houssine à la main : personne ne rit plus. Mes petits drôles craignaient d'être battus ; je craignais qu'on ne les battît.

J'entrai avec eux dans leur chaumière. Je trouvai une escabelle vermoulue et boiteuse, et je me chauffai à une poignée de paille qui finissait de brûler.

La bonne femme souffla. « Le feu, » lui dis-je, a besoin d'aliment. Il en » est auquel il faut craindre d'en don- » ner.... Mais je rallumerai le vôtre : » celui-ci n'est pas dangereux. »

A quatre pas était un cabaret. J'y courus, et je revins une falourde sous chaque bras. La pauvre mère caressait ses enfans, comme si elle eût pu s'applaudir de leur avoir donné l'existence.

« Voilà, me dis-je, un tableau plus » salutaire que ceux que m'offre ce » Werther. Dans l'asile de la misère, » j'apprends ce que vaut l'existence, » et les avances de ces marmots me » prouvent que mon être n'est pas à » moi seul. »

Je

Je déchirai les derniers feuillets de Werther, et j'en allumai ma falourde : ce livre-là m'aurait fait faire quelque sottise.

Je me levai, après m'être chauffé encore quelques minutes, et je rentrai au cabaret. Un gros jambon pendu au plancher... Sur le dressoir, une miche de dix à douze livres... Des sabots et des chaussons étalés en dehors d'une petite fenêtre... Quelle rencontre! j'envoyai tout cela à ces pauvres petits.

Je payai neuf francs..... Quelle misère, comparée au plaisir que j'étais sûr de leur faire!

J'allais continuer ma route. Je ne pus m'empêcher de me tourner vers la chaumière. Voulais-je m'assurer que le petit cadeau fût arrivé à sa destination? Voulais je recueillir le prix d'une bien faible action? Il y a de l'homme par-tout, et je crois

Tome I.   F

vraiment que ce fut un mouvement
d'amour-propre qui me fit retourner.

La mère et ses trois enfans étaient
à genoux au milieu du grand chemin ;
leurs cuisses, à peu près nues, étaient
enfoncées dans la neige ; leurs mains
jointes, leurs yeux reconnaissans
étaient tournés vers moi : j'étais leur
providence.

Des actions de grâce pour neuf
francs ! je me sentis humilié. Je revins, je relevai les bonnes gens, et je
glissai deux *gros* écus. Que de bénédictions je reçus encore, et tout cela
pour vingt-et-une livres !

Voilà, disais-je en suivant mon
» chemin, voilà des gens qui m'ai-
» ment, et que je n'ai vu qu'en pas-
» sant. Que serait-ce donc, si ces trois
» marmots étaient les miens, que je
» leur consacrasse mes soins, ma ten-
» dresse, tout moi ?.. Oh, j'aurai des

» enfans, et ils me feront aimer la
» vie. »

J'aurai des enfans ! Mais leur mère ?..
Hé bien, ce ne sera pas Jeanneton ;
mais ne peut - on aimer qu'elle au
monde ?... Oh, j'en ai peur.

CHAPITRE XI.

Le petit monsieur.

JE dînai à Nanterre. On m'offrit des petits gâteaux ; c'est tout ce qu'il y a de remarquable à Nanterre.

Un moment donc. . . . . Mais sainte Geneviève était de Nanterre. Sans elle, point de génovéfins ; sans eux, rien de ce monument. . . . . Remercions au moins Nanterre de nous avoir donné le Panthéon.

Et celui qui l'a bâti ? Son buste est à la bibliothèque : c'est tout ce qu'on peut pour des cendres éteintes.

Les grands hommes meurent ainsi ! Celui-ci laisse son Panthéon ; et que restera-t-il de moi ? Mon image dans le cœur des trois marmots. Je les verrai en repassant, et je ferai en sorte qu'ils me

bénissent encore. On admire Soufflot ;
ils pleureront peut-être sur ma tombe.

Comme ces pensées étendent l'imagination ! Comme elles mènent naturellement à des idées grandes et su-
blimes ! C'est le vermisseau qui oublie
son néant, qui cesse de ramper, et duquel jaillit une étincelle qui s'élance
vers l'immensité.

L'immensité ! quel mot ! avec quel
orgueil on le prononce ! qu'il est ridicule de le prononcer ! Rien de moi
ne m'appartient ; mes idées, mes actions, ma volonté même ne dépendent
pas de moi, et mon œil faible et va-
cillant voudrait percer l'obscurité. . . .
Oh ! homme, homme, jouis de la vie,
puisque tu l'as ; prépare-toi à mourir
sans remords, et sois tranquille sur le
reste.

Je parlais très-haut, et je gesti-
culais, selon ma coutume. Un petit

monsieur en perruque nouée, en chapeau bordé, en habit de camelot gris
doublé de taffetas bleu, en bas de soie
troués, dont je n'ai pas distingué la
couleur, un petit monsieur m'aborda
familièrement en se frottant les mains,
en me souriant d'un air agréable, et
en s'inclinant un peu. « Monsieur va
» peut-être à Mantes ? — Oui, mon-
» sieur. — Et il est sans doute de l'état?
» — Duquel parle monsieur? — Répé-
» tait-il Orosmane ou Zamore, le Dis-
» sipateur ou le Glorieux : car on ne
» joue que les amans, avec une figure
» comme celle-là. »

Je partis d'un éclat de rire, et j'ou-
bliai sainte Geneviève, le Panthéon
et l'immensité.

Mon petit monsieur avait le nez
violet, les mains bleues, la voix aigre,
l'habit diaphane, l'abdomen adhérent
aux reins, et les manières accortes. Il

me parut ressembler au vent de bise,
qui siffle et s'insinue par-tout : je gelais
en le regardant.

Il ne se couvre pas davantage, parce
qu'il faut être l'homme de toutes les
saisons.

Il voyage à pied parce que la nature
ne nous a pas donné des jambes pour
nous faire traîner.

Il vit très-frugalement, parce qu'un
estomac chargé rend la tête pesante,
et que de la clarté des conceptions dépendent les succès d'un artiste.

Il a l'honneur d'être membre d'une
excellente troupe de comédiens qui
fait les délices de Mantes. Il a été près
de débuter aux Français ; mais il a eu
l'imprudence, en rendant visite à
monsieur le semainier, de laisser
échapper quelques vers, et la cabale
l'a exclu.

Au reste, il y a des juges à Mantes

comme ailleurs, et comme disait très-
bien César : Il vaut mieux être le premier dans une bicoque, que le second
dans Rome.

Mon petit monsieur s'appelle Bella-
Rosa. Il est pourtant excessivement
fané ; mais il observe qu'un artiste
qui a quelque célébrité, tient nécessairement à son nom.

Il donnait le lendemain une repré-
sentation à son bénéfice, et il était
allé à Paris emprunter une partition.
Il pouvait à la vérité la faire venir par la
poste ; mais cela eût absorbé un quart
de la recette. D'ailleurs un homme
comme lui va plus vite qu'un courrier,
qui repose de deux jours l'un.

En effet, j'avais peine à le suivre,
et j'avais chaud comme au mois de juin.
» Mon frac me suffira ; prenez ce sur-
» tout fourré. — Il vous incommode ?
» — Beaucoup. »

Monsieur

Monsieur Bella-Rosa ne se fait jamais prier. J'avais à peine répondu, qu'il m'avait déshabillé. Mes manches, excessivement longues, lui donnaient l'air d'un Gilles, et le bas du surtout, qui faisait queue dans la neige, me rappelait les présidens à mortier.

Il ne suffit pas d'être philosophe pour courir, il faut en avoir l'habitude. Je ne l'avais point, et je demandai quartier à mon petit monsieur.

Nous étions assis sur le revers d'un fossé : une berline à vide passa. « La » jolie occasion, s'écria - t - il pour » quelqu'un qui aurait de l'argent ! » — Mais la nature ne vous a pas donné » des jambes pour vous faire traîner. » — Oh, je n'en parle que par égard » pour vous. — C'est trop honnête, » en vérité. »

Le cocher allait coucher à Flins. « C'est précisément votre affaire, dit

Tome I.   G

» mon petit homme en ouvrant la por-
» tière, et je vous tiendrai compagnie,
» si vous le permettez. Demain je
» n'aurai que trois lieues à faire, j'arri-
» verai à Mantes frais et dispos ; mon
» organe aura repris son velouté, et
» pour peu que cela vous arrange,
» vous me verrez jouer Turcaret et
» Midas : je vous étonnerai. »

Il n'avait pas fini, qu'il était dans le
fond de la berline. J'y montai après
lui : je n'étais pas fâché d'avancer en
me reposant.

« Il me paraît, dis-je, que monsieur
» joue les financiers ? — Et les La-
» ruette. — Monsieur a sans doute
» une très-belle garde-robe ? — Pas
» du tout. Je n'ai que l'habit que vous
» voyez, et il ne m'en faut pas davan-
» tage. A Paris, le mérite de beau-
» coup d'acteurs consiste dans une
» douzaine d'habits brodés : je parais

» à Mantes comme me voilà, et on
» m'écoute. »

Il ne prononçait pas quatre mots,
que je ne me rappelasse la grenouille
de La Fontaine. Le pauvre petit homme
s'enflait quelquefois à crever. Je le laissai dire : il m'amusait.

Nous arrivâmes à Flins à dix heures
du soir. Monsieur Bella-Rosa mar-
chanda avec le cocher jusqu'à se disputer : il tenait beaucoup à mes intérêts;
mais je payai, comme de raison.

Une jolie femme, qui tient l'auberge
des *Rois détrônés*, nous éclaira et nous
conduisit. Je la regardai d'abord avec
une sorte de déplaisir, et bientôt. . . . .
Je ne vois pas de femme qui ne me la
rappelle, et je n'en vois pas que je
puisse lui comparer.

———

CHAPITRE XXII.

L'érudition.

La broche tournait , deux ou trois casseroles bouillotaient sur les fourneaux : nous étions auprès d'un bon feu dans la chambre voisine , et mon petit monsieur , qui avait grand soin de l'attiser , faisait aussi tous les frais de la conversation : c'est un homme fort utile.

L'homme de loi parle jurisprudence, l'officier tactique , la jolie femme pompons : Bella-Rosa ne tarissait pas sur la comédie.

Il a beaucoup lu , et il a de la mémoire : c'est quelque chose.

En 1600 , les comédiens français jouaient à l'hôtel d'*Argent* , rue de *la Poterie.* Ils se sont établis depuis au

Marais, à l'hôtel de *Bourgogne*, au *Palais - Royal*, au haut de la rue *Dauphine*, aux *Tuileries*, à l'*Odéon*, à *Louvois*, à *Feydau*, à la *République*; d'où monsieur Bella-Rosa conclut que tous les comédiens sont ambulans, et que cette dénomination, qui ne lui paraît qu'un humiliant pléonasme, doit être supprimée.

En 1600, les comédiens de la rue de la Poterie commençaient à deux heures, finissaient à quatre et demie, et prenaient cinq sous au parterre, et dix aux premières loges. A Mantes, on commence à cinq heures, on finit quand on peut, et on prend douze et vingt-quatre sous. Il est clair que la troupe de Mantes, qui tient un milieu honorable entre les comédiens Français de 1600 et ceux de l'an 7, qui lèvent le rideau à six heures et demie, et qui perçoivent six francs, peut,

G 3

sans ridicule, se mettre en ligne avec eux.

D'ailleurs, on ne joue la comédie à Mantes ni en anglais ni en allemand : on ne peut donc contester à monsieur Bella-Rosa le titre de comédien français.

Il n'y avait rien à répondre à cela. Loin de vouloir réfuter le petit monsieur, je pensais.... Y penserai-je donc toujours!

Il ôta sa perruque, il tira de sa poche une bande de gaze vert et argent, il s'en fit un turban, il but un verre d'eau, et arrangea la couverture d'un des deux lits. Je lui demandai s'il ne soupait pas. Il me répondit que ce n'était pas sa coutume, et son air me disait qu'il en prendrait bien volontiers l'habitude.

Je crois que le superflu de l'opulence est le patrimoine des talens.

Cependant je ne voulais pas humilier
le petit monsieur en payant toujours
pour lui. Je lui proposai de jouer au
piquet le souper et le coucher, bien
décidé à écarter mon jeu.

Il hésita; il craignait probablement
de payer pour deux, et le pauvre diable..... je lui donnai à entendre que
je jouais assez mal, et que j'étais fort
distrait.

« Avez-vous lu le père Daniel, me
» dit-il, monsieur, pendant qu'on al-
» lait nous chercher des cartes? — Non,
» monsieur. — Vous ne connaissez donc
» pas l'antiquité, la profondeur, le su-
» blime du jeu que vous allez jouer. Je
» ne m'étonne pas que vous l'ayez né-
» gligé jusqu'ici.

» Les cartes, monsieur, furent ima-
» ginées en 1392, pour amuser Char-
» les VI, pendant sa démence. — Je

» vous avoue, monsieur, que je ne
» savais pas cela.

» On lit dans un compte de Charles
» Poupart, argentier de ce prince :
» *Donné à Jacquemin Gringonneur,*
» *peintre, pour trois jeux de cartes à*
» *or, et à diverses couleurs, pour*
» *porter devers ledit seigneur roi,*
» *pour son ébatement, cinquante six*
» *sols parisis.* — Voilà une preuve
» sans réplique.

» Le père Daniel démontre, mon-
» sieur, que le piquet est symbolique,
» allégorique, politique et historique.
» — Diable !

» *As* est un mot latin qui signifie,
» dit-il, une pièce de monnaie, du
» bien, des richesses.

» Les *as*, au piquet, ont la pri-
» mauté, même sur les rois, parce que
» l'argent est le nerf de la guerre, et

» que c'est bien peu de chose qu'un
» roi sans argent.

» Le *trèfle*, herbe si abondante
» dans les prairies, indique qu'un gé-
» néral ne doit jamais établir son camp
» que dans des lieux où il puisse aisé-
» ment faire subsister son armée.

» Les *piques* et les *carreaux* dési-
» gnent les magasins d'armes. Vous
» vous rappelez les piques, monsieur?
» — J'en ai porté. — Moi, je m'en
» suis servi. Les carreaux étaient une
» espèce de flèches fortes et pesantes,
» qu'on nommait ainsi parce que le
» fer en était carré.

» Les *cœurs* sont évidemment le
» symbole de la valeur des chefs et des
» soldats. *David, Alexandre, César*
» et *Charlemagne* sont à la tête de
» chaque quadrille ; ce qui veut dire
» que les meilleures troupes ne sont

» quelque chose que par l'expérience
» et le courage des généraux.

» Vous concevez, monsieur, qu'une
» position désavantageuse ne permet
» pas de disputer la victoire. Il faut
» alors perdre le moins possible , et
» voilà pourquoi , quand on a contre
» soi les *as*, les *quintes* et les *qua-*
» *torze* , il faut au moins tâcher d'a-
» voir le *point*, pour éviter le *repic*.

» Quand nous étions barbares , le
» titre de *varlet* était honorable, et les
» seigneurs le prenaient jusqu'à ce
» qu'ils fussent armés *chevaliers*. C'est
» pour cela qu'on a nommé les quatre
» valets, *Ogier, Lancelot, la Hire*
» et *Hector* , capitaines distingués du
» règne de Charles VII.

» Mais, monsieur, repris-je, je ne
» vois plus de *Lancelot* dans nos jeux
» de cartes? — Le marchand cartier
» a substitué son nom à celui du valet

» de trèfle, sans que pour cela il
» soit un grand capitaine : il n'en est
» pas moins connu, et il vend ses
» cartes. »

Monsieur Bella-Rosa continue :
« L'anagramme de *Regina* est *Argine*;
» c'est Marie d'Anjou, femme de Char-
» les VII. *Rachel* est la belle Sorel.
» *Pallas* représente la Pucelle d'Or-
» léans, fière et sage, dit-on ; et *Ju-*
» *dith* n'est pas celle de l'ancien tes-
» tament, qui coucha avec Holopherne
» pour lui couper le cou plus commo-
» dément, mais Isabeau de Bavière,
» qui ne tua personne, et qui aimait
» la bagatelle, autant au moins que
» l'héroïne de Béthulie.

» Vous reconnaîtrez aisément Char-
» les VII dans le roi de *pique. David,*
» persécuté par son beau-père Saül,
» attaqué par son fils Absalon, re-
» présente Charles VII déshérité et

» proscrit par Charles vi, reprenant
» ses états à main armée ; tourmenté,
» pouisuivi depuis par son fils Louis xi,
» qui lui fit la guerre, et qui même
» causa sa mort.

» Vous voyez, monsieur, qu'un jeu
» de cartes, qui paraît une chose fri-
» vole et indifférente, n'est pourtant
» pas indigne de l'attention d'un phi-
» losophe ou d'un comédien. »

Le jeu de cartes n'était pas encore
ouvert, et on avait servi. L'odeur des
mets attirait, fixait, repoussait le petit
monsieur. Tous ses mouvemens étaient
significatifs.

La crainte trouble la digestion : elle
empêche même de manger, et je pré-
voyais qu'il souperait mal, s'il n'était
certain d'avance qu'il ne lui en coû-
terait rien.

J'étendis sur un coin de la nappe
son livre du destin. Il tira la main, et

la gagna. La fortune continua de me servir : du premier coup je fus repic et capot..... Il fit un saut qui faillit à renverser la table.

Cependant il m'offrit poliment ma revanche, je répondis que le souper refroidirait, et que j'aimais, comme Strabon, à manger chaud et à boire froid.

Il se garda bien d'insister, et il se mit à table. Je n'avais encore vu personne s'y mettre aussi gaiement, ni manger d'aussi bon appétit.

Un copieux ragoût de veau, trois pigeons en compote et un chapon rôti furent à peine suffisans..... Combien de temps avait-il passé sans rien prendre? Je n'osai le lui demander..

Quand il eut fini, car il faut finir enfin, je lui rappelai qu'il jouait la comédie le lendemain, et qu'un estomac chargé rend la tête pesante. Il me répondit qu'il comptait bien se coucher sur son appétit. Je l'aurais défié d'avaler seulement une cerise.

Il se mit en effet au lit, et, cinq minutes après, il ronflait à ébranler la maison. « L'heureux mortel! disais-je » en me déshabillant; il ne mange pas » tous les jours, mais il ne s'est pas » arrêté au coin de la rue de Bièvre, » et il dort d'un bon somme. »

———

CHAPITRE XIII.

Le spectacle de Mantes.

Mon petit homme me présenta à madame Bella-Rosa. C'est une femme de cinquante ans, de cinq pieds sept pouces, à qui il reste peu de dents, et dont les bras longs et décharnés ne ressemblent pas mal à des brancarts de cabriolet : elle joue les premiers rôles.

Sa fille, mademoiselle Bella-Rosa, a quinze ans, et son nom lui va bien.

Elle joue les ingénuités. « Puisse
» t-elle, me disais-je tout bas, être long-
» temps dans l'esprit de ses rôles. »

Mon petit monsieur voulait à toute force me donner à dîner. Je me défendais ; il me pénétra. Il me dit que son nom était sur l'affiche, que la salle serait pleine à crouler, et que ceux qui protégent les arts, ont des droits à leur produit.

Il m'est plus facile de faire un mauvais dîner que de désobliger celui qui me l'offre de bon cœur. Je restai.

Deux livres de pain humectées à peine par un bouillon blanchâtre, un bouilli desséché, deux merlans grillés, et du cidre à discrétion ; les mains charbonnées de madame Bella-Rosa, son perroquet, qui de temps à autre me pinçait l'oreille ; un chien affamé qui ne cessait de m'égratigner les jambes ; mais de la cordialité, qui fait tout passer, et je dînai mieux que je ne l'aurais cru.

Je menai mon petit monsieur au café, pendant que madame se préparait à jouer la femme de qualité. Les amateurs de Mantes y étaient rassemblés, et j'entendais Bella-Rosa leur dire alternativement à l'oreille, que j'étais

j'étais un député, venu exprès de Paris
pour lui voir jouer Turcaret.

Ces messieurs me firent beaucoup
de politesses, et me gagnèrent quelques verres de liqueur au *domino*.

Quatre heures sonnèrent, et mon
petit homme m'avertit qu'il allait faire
sa toilette. Il n'avait qu'un habit, et je
ne voyais pas trop ce qu'il entendait
par sa toilette. Je le suivis : il fit sa
barbe, poudra sa perruque, et dé-
crotta ses souliers.

Nous nous rendîmes au théâtre. Il
était construit dans une grange ; et
madame Bella-Rosa était déjà en travers de la porte, assise devant une
petite table sur laquelle étaient deux
flambeaux, plus une assiette pour recevoir les *supplémens*, si le Ciel en
envoyait.

A sa gauche était son boucher ; son
boulanger, comme le plus nécessaire,

Tome I. H

avait pris la droite. Ils avaient des droits trop réels à la recette.

Je mis un écu de six francs dans l'assiette. « Vous êtes comédien fran-
» çais, dis je à Bella-Rosa : c'est le
» prix. — Cinquante hommes comme
» vous, répondit-il en me serrant la
» main, et ma fortune est faite. »

Je me présentai à la porte intérieure, et il fut expressément recommandé à un vétéran qui faisait la police pour dix sous, de me laisser aller à *toutes places*.

L'avant-scène était éclairée par quatre lampions du genre de ceux qu'on emploie à Paris pour les illuminations. J'étais seul, et j'examinai les différentes parties de la salle.

Un fort pilier de bois, qui soutenait la charpente, coupait le théâtre par le milieu, à six pouces en avant du trou de souffleur.

Cette charpente était drapée en toiles d'araignées, auxquelles la poussière de plusieurs années avait donné une sorte de consistance.

Deux chaises, séparées, par une tringle de sapin, des bancs destinés au public, m'annoncèrent l'orchestre, et on allait jouer le jugement de Midas !

Derrière le théâtre était un réduit coupé en deux par une vieille robe de procureur qui servait à jouer les commissaires et les médecins. D'un côté s'habillaient les dames, de l'autre les messieurs.

Deux terrines, avec de la braise, chauffaient les deux foyers qui n'en faisaient plus qu'un quand on donnait le Médecin malgré lui, ou l'Avocat patelin.

Il entrait fort peu de monde, et je souffrais pour mon ami Bella-Rosa. Ce boulanger, ce boucher !.... Je me sentis alors l'estomac surchargé de ce que j'avais pris chez lui.

Le rideau, sur lequel on avait pieusement conservé le *castigat* de Santeuil, se leva enfin, et je démêlai les restes d'un salon mesquin, souvent détrempé par la pluie sur la charrette commune.

On commença. La comtesse était en robe d'indienne, en gants de fil, et son bonnet de gaze roussie était surmonté de quatre plumes, dont il ne restait guère que les tuyaux.

Le marquis était en habit de burat capucine, paremens, doublure et veste de même étoffe vert-clair, boutons jaunes.

Le chevalier me parut être le *matador* de la troupe. Il avait un habit complet de damas fond gris, à grandes fleurs rouges. Un seul pavot lui couvrait les deux épaules, et la queue allait se perdre agréablement dans les plis.

Le reste était mis dans le même genre, et le talent était en proportion de la garde-robe.

Je ne sais précisément quels rapports il y a entre la troupe de Mantes et les comédiens français de 1600; mais elle ressemble à ceux de l'an 7, comme un bossu à Hercule.

Je n'en riais pas moins de tout mon cœur; il faut savoir s'amuser de tout.

Une malheureuse basse et un violon commencèrent l'ouverture de l'opéra. Les coquins me déchiraient les oreilles! Ah!

L'acteur qui jouait Apollon, a une très-belle voix, mais il chante comme une fileuse, il est borgne et boiteux, et une guitare lui tenait lieu de lyre.

L'organe de la basse-taille ressemble

à celui de l'agréable personnage qui criait autrefois à la porte de l'Opéra ; *Les gens de monsieur le comte, le carrosse de madame la marquise.*

Je suis très-lié avec Grétry : je pensai à lui, et je ne ris plus.

Je tins ferme cependant, par égard pour Bella - Rosa. Il ne paraissait pas au premier acte ; il était venu se mettre auprès de moi, et il faisait applaudir tous ceux qui étaient autour de lui. « Ah ! la délicieuse roulade ! Quelle « manière de filer un son ! Allons, « messieurs, allons donc....... Et pan, et pan, j'en avais mal aux mains.

A la fin de l'acte, je n'y pouvais plus tenir. Je m'esquivai adroitement, bien décidé à ne jamais retourner au spectacle de Mantes.

Je trouvai la petite Bella-Rosa à la porte. Elle était dans un embarras cruel. Elle ne savait comment défendre son assiette des attaques du boucher et du boulanger. Il leur était dû soixante francs, ils n'en voyaient que quarante à la recette : ils voulaient au moins ne pas perdre cela.

La pauvre enfant avait ses deux petites mains sur la précieuse assiette, et son regard me disait : Défendez-moi donc.

« Cinquante hommes comme vous, » m'avait dit son père, et ma fortune » est faite »…. Je pouvais faire sa fortune…. mais douze louis !….

Depuis quelque temps j'ai envie d'une jolie bague, et cette somme pouvait la payer en partie. Je retirai ma main que j'avais déjà mise dans ma poche. Mon premier mouvement avait épanoui le visage de la petite ; le second le resserra.

Je souffris plus en ce moment que si j'eusse perdu la bague. « Supposons

» qu'elle le soit, me dis-je; et les
douze louis sont dans l'assiette, et je
me sauve à l'autre bout de la ville, et
disais en courant. « J'aime mieux trou-
» ver un ami en arrivant dans une ville,
» qu'un solitaire dans mon tiroir ».

————

CHAPITRE

CHAPITRE XIV.

Les patins.

C'est pour elle que je marchais, et j'avais perdu un jour ! Je voulus le regagner, et j'envoyai chercher une voiture à la poste.

J'arrivai le soir à Rouen, sans avoir rien vu, rien entendu que les aubergistes de la route. Je m'étais ennuyé tout le jour..... ah !

Voilà ce que c'est que de voyager en poste.

Je soupai avec un officier de hussards, qui avait fait toutes les campagnes de la révolution. Il ne me fit grâce ni d'une escarmouche, ni du moindre buisson, quoique je lui eusse plusieurs fois répété que je lisais exactement les journaux. Il était d'ailleurs

Tome I. I

très - poli; mais il me donna la mi-
graine, et je n'en fus pas fâché : ce
fut un prétexte honnête pour m'aller
coucher.

Je repartis au point du jour, et je
me trouvai de très - bonne humeur :
j'étais à pied.

J'approchais de Marome. Un ruisseau qui a sa source à Cailli, s'était
débordé et avait couvert quelques
prairies voisines. Je voyais des gens
qui allaient et venaient sur la glace
avec une certaine rapidité.... J'avan-
cai, les objets s'éclaircirent, et bientôt je distinguai sur ma gauche une
douzaine de patineurs.

J'aime tous les exercices du corps,
et j'y réussis bien : je m'écartai aussitôt de la grande route, sans autre intention que de regarder un moment.

Un jeune homme très-bien tourné,
en gilet rouge, en pantalon serré, les

cheveux tressés sous un chapeau rond, fixait tous les yeux. Trois dames qui étaient à l'autre extrémité de la glace, le regardaient avec intérêt, et à chaque instant il trouvait de nouvelles grâces qui soutenaient l'attention.

Je sentais que je pouvais en attirer ma part. Les trois dames, dont je ne démêlais pas les traits, piquaient pourtant mon émulation: Si vous saviez, aimables Françaises, combien vous êtes fortes de notre faiblesse; combien vos charmes, votre gaîté piquante peuvent opérer de prodiges, vous auriez plus d'amour-propre encore, quoique vous n'en manquiez pas.

Un jeune pâtre m'examinait. La nature est la même chez tous les hommes, et dans les Etats civilisés ils ne diffèrent essentiellement que par la manière de rendre leurs idées, qui se ressemblent toutes, parce qu'ils

I 2

sont tous, à quelque chose près, également frappés des mêmes objets. Ce qu'on appelle *intelligence*, *génie*, n'est qu'un tissu plus ou moins tendu, qui renvoie la balle avec plus ou moins de force.

Pour revenir et ne pas m'enfoncer dans une dissertation métaphysique, assez inutile à propos de patins, le jeune pâtre, qui lisait sans doute, sur ma physionomie animée, le désir de me distinguer aussi, m'offrit les siens avec amabilité. Un instant plus tard, il perdait le mérite de son offre obligeante : j'allais les lui demander.

J'attache mes patins. Je donne en nantissement au pâtre le sartout fourré et le frac de Ségovie, et me voilà, comme mon antagoniste, en gilet de satin vert piqué, et en pantalon de tricot chamois.

Il passe devant moi en décrivant la

plus ferme des carres, et il m'invite, de la main, à le suivre. Je m'élance, et en quatre coups de talon je suis au bout de la pièce.

Je grillais de briller à mon tour aux yeux des trois dames; mais je ne voulais m'arrêter devant elles qu'a- près avoir obtenu des droits à leurs éloges.

Je repars en dedans, en dehors, en avant, en arrière; je m'allonge en *Renommée*, et d'un trait de patin je sillonne le pourtour de la plaine gla- cée. Des applaudissemens m'encoura- gent, je me sens électrisé, je plane, je vole; c'est l'hirondelle qui caresse la surface de l'eau.

Les applaudissemens redoublent, je m'arrête.... on devine où je m'arrêtai.

Le jeune homme au gilet rouge vint me féliciter; c'était peu de chose.... mais les trois dames!....

13

Il était midi, et je n'avais rien pris encore ; j'étais soutenu par ma petite vanité et le désir de plaire. On retrouve l'homme partout.

La plus âgée portait au bras un petit panier qui renfermait quelques provisions. Le jeune homme s'approcha d'elle, et prit le panier. Des patineurs ont bientôt fait connaissance ; il me proposa cordialement de déjeuner avec lui, j'acceptai sans façon ; nous nous assîmes aux pieds de ces dames.

La conversation s'engagea en mangeant un morceau sous le pouce. Il est des gens qui se plaisent au premier coup d'œil, et nous sentîmes que nous nous convenions tous.

C'est la mère et ses deux filles. La mère est encore bien.... Mais les jeunes personnes !.... Je les comparai à l'enchanteresse de la rue de Bièvre, et elles me parurent encore jolies.

CHAPITRE XV.

L'hospitalité.

ELLE s'appelle madame Elliot. Elle est veuve d'un colonel tué au passage du pont de Lodi. Peu de fortune et une pension..... Une pension!.... Les temps deviendront moins difficiles, et la nation s'acquittera.

La maison et l'ameublement sont simples, mais élégans. Vingt hectares sont tout le patrimoine, et cependant tout annonce une honnête aisance : on se prive quand on est seul.

Dans les momens de gêne, et ils sont fréquens, la famille passe dans un cabinet, et relit une lettre soigneusement mise sous verre : c'est celle que le général en chef écrivit à la veuve le lendemain de l'action.

14

Le style est d'un homme qui sait honorer l'amitié, comme il sait battre l'ennemi. L'amour de la gloire n'étouffe donc pas toujours celui de l'humanité.

Il n'arrive pas un étranger, qu'on ne lui fasse lire la lettre ; c'est lui dire : *N'oubliez pas que le chef de cette famille hospitalière est mort en vous défendant.*

Telle est l'idée qui me vint en lisant, et cette idée commande le respect.

Monsieur Monfort, le jeune homme au gilet rouge, possède cent cinquante hectares à Marome. Il a eu le bon esprit de sentir qu'une femme aimable vaut mieux qu'un surcroît de fortune.

Il s'est attaché à Adèle ; c'est l'aînée des demoiselles Elliot. Vingt et un ans, de la taille, des grâces, de la beauté, et la douceur d'un ange, voilà sa dot.

Montfort laisse à madame Elliot la

jouissance entière de son petit bien. « Je
« vous estime, » lui dis-je; et je le lui dis
d'un ton qui lui persuada que j'étais
digne de le juger.

Angélique est moins belle que sa
sœur, mais elle est bien plus jolie. La
vivacité, la multiplicité de ses sensations lui donnent à chaque instant une
figure nouvelle. C'est bien dommage
qu'elle soit si vive..... Les femmes
vives n'aiment que le plaisir.

On ne sait rien en astronomie, en
géométrie, en géographie ; mais on
dessine comme peignait l'Albane, on
fait valoir la musique de Grétry, et
on fait parler le piano et la harpe : pas
un mot d'italien ou d'anglais, mais on
rend le français plus aimable ; on sait
plaire enfin..... c'est pour cela que les
femmes sont faites.

Montfort a une belle basse-taille,
et chante avec goût. Il exécuta, avec

són Adèle, l'admirable duo du *Sylvain*:
Dans le sein d'un père...... Je te
remercie, auteur précieux, des doux
momens que tu me procures partout.

Je me mêle aussi de musique, et
j'accompagnai la piquante Angélique.
Elle chanta, avec la grâce folâtre qu'elle
met à tout, l'ariette du même œuvre :
Je ne sais pas si ma sœur aime, et
l'espiègle regardait sa sœur en dessous,
et sa sœur rougissait en regardant
Montfort.

Vous pensez bien que ce n'est pas
sur la plaine glacée que j'ai entendu
chanter, que j'ai lu la lettre, et que
j'ai appris ces particularités.

Après le morceau *sous le pouce*,
on s'était remis à patiner. J'avais envoyé mon petit pâtre chercher trois
chaises à la modeste habitation : il
fallait que ces dames s'amusassent
aussi.

Les trois chaises avaient été méta-
morphosées en traîneaux. Montfort
poussait son Adèle. La paume de sa
main était appuyée sur la barre d'en-
haut, mais ses doigts effleuraient les
épaules d'albâtre.

Je conduisais madame Elliot. Elle
parle peu, mais ce qu'elle dit est d'une
extrême justesse. Elle plaira toujours
à l'homme estimable ; elle plairait à
beaucoup d'autres, si elle n'avait pas
deux filles.

Angélique avait regardé autour d'elle,
n'avait plus trouvé que le petit pâtre,
et après avoir déploré le sort des
cadettes, elle s'était abandonnée à son
adresse. Il trottait de son mieux ; mais
il avait repris ses sabots, il glissait,
il tombait, il entraînait quelquefois la
chaise ; Angélique tombait aussi, riait,
se relevait, et continuait jusqu'au premier événement.

La fatigue, à la fin, avait chassé le plaisir. Le soleil, si précieux en hiver, se cachait derrière la forêt de Roumare ; il était quatre heures, et je ne m'en doutais pas.

Madame Elliot avait accepté mon bras, Angélique avait pris l'autre ; Adèle et Monfort marchaient devant ou derrière : l'amour heureux n'aime pas les témoins.

J'avais voulu prendre congé à la porte. Madame Elliot m'observait qu'il restait à peine une heure de jour ; elle m'assurait que je ne trouverais que de mauvais gîtes ; elle me représentait qu'en partant un peu matin, je regagnerais facilement la lieue que je perdais le soir.

Il faut nécessairement se rendre à de bonnes raisons, quand on n'est pas opiniâtre ou entêté : je ne suis ni l'un ni l'autre ; cependant je balançais.

« Monsieur veut se faire prier, di-
» sait Angélique : il n'a pas besoin de
» cela pour donner du prix à sa com-
» plaisance. » Et elle me faisait une
légère révérence, et une petite mine si
drôle et si engageante !

Je m'étais rendu à la révérence et à
la petite mine. La vérité est que je ne
demandais pas mieux.

Je fus comblé d'honnêtetés, et on
ne savait pas que j'ai un carrosse et
quarante mille livres de rente. Que je
me sus bon gré d'avoir laissé Antoine
à Paris !

CHAPITRE XVI.

Bar-y-va.

Je m'étais levé de très-bonne heure, et je croyais partir sans déranger personne ; madame Elliot était levée avant moi : mon déjeuner était prêt.

On peut faire plus somptueusement les honneurs de chez soi ; on n'inspire pas plus promptement la confiance et l'amitié.

Elle était à son aise avec moi, comme si elle m'eût connu depuis dix ans ; j'étais chez elle comme chez moi.

Le mariage devait se faire le décadi suivant, et elle me pressa de revenir, si je ne voulais pas rester.

« J'ai entrepris ce voyage pour une
» femme qui, sous bien des rapports,
» ressemble à mademoiselle Adèle, et

» on ne néglige pas ces femmes-là.
» — Partez donc ; mais vous revien-
» drez ? — Oui, madame ; nonidi, au
» plus tard. — Vous me le promettez ?
» — Et je tiendrai ma promesse avec
» plus de plaisir encore que je la
» fais. » .

Je marchai une heure avant de penser que j'avais encore perdu un jour :
j'étais occupé de l'intéressante famille...
Je revins à quelqu'un dont les droits
étaient plus anciens et plus forts,
et je repris la poste au premier village,
pour me punir de l'avoir oubliée un
moment.

J'aime les comparaisons, et je com-
parais, en courant, Adèle à Angélique, et Jeanneton à toutes les deux.

Selon moi, l'homme le plus heureux est l'époux de Jeanneton, après
lui c'est l'époux d'Adèle, si ce n'est
pourtant celui qui obtiendra Angélique.

C'est une fille unique qu'Angélique ; il n'est pas possible de s'ennuyer avec elle ; et celle qui tient toujours l'imagination éveillée, ne peut cesser de plaire.

Oui..... mais elle peut cesser d'aimer, et alors..... toutes réflexions faites, Jeanneton et Adèle sont préférables à Angélique.

J'arrivai à Caudebec sans m'en apercevoir : le temps vole quand on cause avec son cœur.

Je descendis à l'auberge où devait m'attendre mon cocher : il était arrivé de la veille. La voiture était lavée, les chevaux reposés, leur crinière tressée ; il né me restait qu'à faire pour moi ce que mon cocher avait fait pour mes chevaux.

Je m'habillai sur-le-champ, je montai en carrosse, et je me fis conduire chez le juge de paix.

C'est

C'est un homme affable, des mœurs douces, avec qui il suffit d'avoir raison.

Il ne s'aperçut pas que je descendais d'une très-jolie voiture ; et que j'avais un habit neuf : il n'examina que les papiers de Bastien.

Avant la révolution, il avait un emploi lucratif. Il en occupe un aujourd'hui, où on n'arrive que par la confiance et la considération publique ; un honnête homme trouve toujours sa place.

Il se rendit avec moi au domicile d'Herbin, leva les scellés, et me mit en possession de l'héritage. J'emportai les vingt mille livres à mon auberge ; je fis faire le lendemain la vente du mobilier, j'en touchai le produit, et je retournai chez le juge de paix.

Je retourne toujours où on m'accueille, et où je me trouve bien.

Je suis en vérité trop heureux. Le

Tome I.   K

juge de paix me reçut comme madame Elliot. Il me présenta à sa sœur et à sa cousine : c'est encore une famille à connaître, et j'aime, après bien des années, à lui prouver que je n'oublie rien.

Ceci n'est pas clair pour tout le monde ; mais le juge de paix de Caudebec, sa sœur et sa cousine me liront, je l'espère. Sentiment de reconnaissance, soupir d'amour, arrivent toujours à leur adresse.

Je ne savais comment envoyer mes fonds à Paris. On vole quelquefois les diligences ; quelquefois aussi les banquiers font banqueroute : c'est encore la faute du temps ; mais je ne voulais pas que mon ami Bastien fût la dupe ni du temps, ni de ceux qui ne sont pas fâchés d'étayer leur honneur délabré des tristes circonstances qu'ils savent quelquefois amener.

Mon juge de paix a un frère à Paris,
et il partait le lendemain pour aller
passer quelques jours avec lui. On n'at-
taque point un juge de paix : l'emploi
n'est pas lucratif. Je le priai de se charger de ma somme, et je lui donnai une
lettre pour Jeanneton.

« Vous la verrez, lui dis-je, et le
» port sera payé. »

Il voulait me donner une reconnaissance ; je le traitai comme monsieur
Thibaut. J'ai toujours jugé les hommes
au premier coup d'œil, et je me suis
rarement trompé.

Je renvoyai mon cocher, mes chevaux, mon carrosse et mon habit neuf
à Paris. J'avais promis de repasser à
Marome ; mon goût m'y portait au
moins autant que ma promesse : voilà
pourquoi je ne voulais pas d'entourage. Tout pour moi seul : je suis par-
fois égoïste.

K 2

Je ne quitte pas un endroit sans y
voir ce qu'il y a de curieux. C'est une
bonne ville que Caudebec, et voilà
tout... Mais le quai, mais les rochers qui
bordent la Seine jusqu'à Bar-y-va!.....

Il faut vous dire ce que c'est que
Bar-y-va.

On appelle *la barre*, les premiers
flots de la marée montante, qui, compri-
més par les deux rives de la rivière,
s'élancent avec impétuosité au-dessus
du paisible courant.

En je ne sais quelle année, cette
barre couvrit le chemin élevé de quarante ou cinquante pieds au-dessus du
lit ordinaire. Les parties basses furent
inondées, comme vous le pensez bien,
et sur la partie haute, nommée depuis
Bar-y-va, on bâtit une chapelle à la
Vierge.

C'était sans doute pour la prier de
ne plus faire de miracles de ce genre-

là ; et dans ce cas ,, la chapelle ressemblait fort à la chandelle que la bonne femme brûlait au diable.

Quoi qu'il en soit, je passai un jour à rêver dans les rochers de Bar-y-va. J'y retrouvai mes douces sensations, et je n'étais arrêté ni par les convenances, ni par la crainte de mal faire.

La chaleur pénétrante du soleil me rappelait Jeanneton, Adèle, Angélique, si insinuantes, si belles et si pures.......... Les branches que le vent agitait, les feuilles desséchées qu'il froissait, peignaient assez exactement l'état de mon cœur.

Oh! pourquoi ai je un cœur, et à qui sera-t-il enfin ? .... Je ne peux vous le laisser, Jeanneton....... Mais à qui le donnerai-je ?

CHAPITRE XVII.

L'examen.

Il faut que je le donne. Il me pèse, il me fatigue, il me suffoque.

Presque jamais, dit-on, une femme n'épouse l'homme qu'elle aurait choisi. Sommes-nous plus heureux avec la liberté de porter nos vœux par-tout? La première est mariée, la seconde va l'être, la troisième........ si elle était moins vive..... peut-être est ce impatience de se fixer; peut-être son premier soupir sera l'aurore de sa raison, et la raison que voile la gaieté, est moins auguste, mais plus aimable.

La reconnaissance d'ailleurs........ N'y comptons pas : l'amour ne connaît que des échanges; et en effet, le bonheur qu'on reçoit vaut-il plus que celui qu'on donne ?

Mais l'habitude..... Oh ! qu'elle est froide ! Son nom seul tue le sentiment.

Cependant une femme vive, enjouée, est tous les jours nouvelle. Avec elle, point d'uniformité, ainsi point d'habitude, à moins que ce ne soit celle d'aimer.

Oui, pour le mari sensible. Mais cette femme vive, enjouée, est-elle capable de se fixer ? C'est là ce qu'il faut examiner, et très-sérieusement. Le souvenir de la félicité perdue est le plus cruel des souvenirs.

A la vérité, avec du mérite.... Hé, qui te prouve que tu en as ? Qui te persuade que ton mérite soit celui qui lui convienne ; et en admettant tout cela, qui te répond que sa légèreté ne l'entraînera pas vers un objet qui en aura plus ou moins que toi ?

S'il en a moins, tu mépriseras dou-
blement ta femme..... Il est affreux de
mépriser ce qu'on a tant aimé, ce qu'on
aime peut-être encore.

S'il en a plus, quelles seront tes res-
sources? Tu invoqueras la décence, la
morale, les mœurs; et une femme
passionnée ne veut de joug que celui
des passions.

Mais une femme d'un caractère tranquille ne peut-elle pas aussi..... ..... Hé,
mon Dieu, tout comme une autre : ces
femmes-là y mettent de l'entêtement.

Oh! qu'il est difficile de se marier!

Hé bien j'aurai une maîtresse......
Fi donc!

L'amour est-il à vendre? et qui pourrait le payer?

Il est pourtant des hommes... Oui,
sans doute il en est. Il est aussi des
boueurs qui se familiarisent avec les
immondices qu'ils ramassent.

Non,

Non, je ne me dégraderai pas. Le spectacle des caresses pures de Jeanneton et de Bastien, de l'abandon modeste d'Adèle, et le cri de ma délicatesse, voilà mes garanties, ma sauve-garde.

Quoi ! je peux prétendre à une fille honnête, et je balancerais ! je serais arrêté par des craintes puériles ! N'ai-je pas eu une mère vertueuse ? et pourquoi celle de mes enfans ne le serait-elle pas aussi ?

On remarque une femme galante, on ne s'occupe pas de celles qui vivent pour leurs époux. Peu de femmes ont le malheur de fixer l'attention, et si l'attention ne se fixe que sur les objets qui alimentent la malignité, il est donc beaucoup de femmes estimables.

Oui, je me marierai... Ma foi, non, je ne me marierai pas. Mais vivre seul, c'est bien dur : cela ne se peut pas. Que ferai-je donc ?

Tome I.   L

« Vous vous marierez, me dit un
» homme à cheval, qui m'écoutait
» comme mon petit monsieur. Bah,
» lui fis-je.— Composer avec le désir,
» n'est-ce pas déjà se rendre? — Je
» crois que vous avez raison.

» Et où allez-vous donc, continuai-je?
» — A Marome. — Et moi aussi. —
» Pour une noce. — Moi de même.
» — L'epousée n'en dira mot; mais
» elle sera aussi aise que celle que vous
» choisirez; mon neveu est presque
» aussi joli garçon que vous. — Son
» nom? — Montfort. — Montfort!
» — Vous le connaissez »?

Nous étions en face d'une auberge,
et j'engageai l'oncle de Montfort à faire
connaissance le verre à la main.

C'est un drôle de corps que cet oncle.
Il voulut payer, parce qu'il était à
cheval, et moi à pied. Oh, je le laissai
faire,

« Va, va, me dis-je en moi-même,
» je ferai peut-être venir mon carrosse
» à Marome, et nous verrons si tu
» tireras encore vanité de ton bidet ».

————

CHAPITRE XVIII.

Les présens de noce.

C'EST un marchand de bœufs, mais de ceux qui ont des herbages de trois quarts de lieue de long, et qui fournissent le marché de Poissy.

Il a quarante ans; il est très-gras, il est très-gai, et il se permet de dire tout ce qu'il pense.

Il demeure entre Argentan et Mortagne. C'était son quatrième jour de route; le bidet était un peu fatigué. Il le laissait aller au petit pas, la tête basse, les oreilles pendantes, et il causait d'amitié avec moi, parce que je suis, dis il, un garçon tout-à-fait revenant.

Il aime beaucoup son neveu, et il espère aimer aussi sa future : c'est de quoi je lui répondis.

Il boit sec, et nous ne passâmes aucun bouchon sans y faire une station. Plus il en fait, plus il est drôle; et il vous prend au collet quand vous parlez de payer.

Cette manière d'être poli me parut aussi assez drôle; mais on se fait bientôt aux ridicules des bonnes gens.

Nous allâmes ainsi jusqu'à Saint-Thomas-de-la-Chaussée. C'est là que j'avais dit à mon cocher de déposer ma valise, au premier cabaret en entrant dans le village.

Il n'y eut qu'une difficulté, c'est qu'on ne voulait pas me la rendre, moins que je ne prouvasse que je fusse bien moi; et comment le prouver à des gens qui ne m'avaient jamais vu?

Je tenais très-peu à la valise, mais beaucoup à mes besoins. A la campagne, on peut danser en gilet de satin

L 3

vert; mais encore faut-il la chemise blanche.

« Hé, parbleu! je vous en prêterai,
» me dit mon brave marchand. — Oui?
» Adieu donc à la valise, et ne per-
» dons pas de temps, j'ai hâte d'arriver
» chez madame Elliot ».

J'avais à peine prononcé son nom, que le cabaretier m'avança une chaise, me fit des excuses, m'apporta la valise, et me dit que ceux qui connaissent madame Elliot n'ont pas besoin de répondant.

L'éloge n'était pas suspect; elle ne l'entendait pas. Je le lui rendis plus tard: elle n'en parut pas surprise, mais elle n'en fut pas plus vaine.

Il était midi lorsque nous arrivâmes en vue de la prairie inondée. Je reconnus mon petit pâtre; mais point de gilet rouge, point de dames. Les patins ne conviennent qu'aux gens dé-

sœuvrés, et on ne l'est pas la veille
d'un mariage.

Nous tournâmes court vers la maison. Une croisée était ouverte au midi,
et une jeune personne paraissait observer ceux qui passaient sur la grande
route.

Ce n'était pas Adèle, Montfort y
eût été aussi : c'était donc Angélique.

Mais pour qui serait-elle là ?.....
N'allai-je pas m'imaginer... Très-heureusement je n'en dis rien.

Ce n'était ni l'une, ni l'autre. L'oncle avait écrit qu'il arriverait le nonidi,
et on avait mis en vedette une petite
amie du village. Le guetter au passage,
c'était la consigne; gros, court, les
joues vermeilles, et le cheval pie,
c'était le signalement.

La petite personne disparut dès
qu'elle put juger l'oncle et sa monture.
L'instant d'après la porte s'ouvrit.

Montfort et les trois dames vinrent au-
devant de lui, tout s'expliqua, et je
rougis comme si on eût pénétré l'idée
vaniteuse qui m'avait abusé.

L'oncle descendit de cheval, se passa
la bride au bras ; et, en marchant, il
examinait attentivement les jeunes personnes. « Je voudrais que ce fût celle-
» ci, dit il », et il montrait Adèle.

Angélique avait lieu d'être piquée :
cependant elle n'en fit rien paraître.
« Oh, oh, me dis-je, elle se possède
» quand on blesse son amour propre :
» c'est beaucoup, cela ».

Montfort essaya de réparer l'incivi-
lité de son oncle. « Point d'excuses ,
» répondit-elle ; l'oncle de mon frère
» ne peut en avoir besoin ». Montfort
lui serra la main. Il me semble que
j'aurais fait mieux.

On m'avait salué comme quelqu'un

qu'on est bien aise de revoir. Cependant toutes les attentions étaient pour
l'oncle, et quoiqu'il fût un peu gros-
sier, je ne pouvais me plaindre de la
préférence. Honorons nos grands parens. C'est un bon exemple à donner
à ses enfans : on retrouve cela plus
tard.

Angélique surtout s'attachait à pénétrer, à prévenir ses désirs, et elle
devinait toujours juste. Sa manière de
se venger n'échappa point à l'oncle qui
ne manque pas de bon sens.

« Il me serait égal maintenant que
» ce fût vous, lui dit-il ».... Il avait
senti sa sottise.... « Vous êtes char-
» mantes toutes deux ; mais entre l'œil-
» let et la rose, il n'y a que le goût
» qui décide ».

Le compliment était très-bien tourné pour un marchand de bœufs. Elle
l'embrassa avec une cordialité qui me

fit plus de plaisir qu'à lui. « Oh, oh;
» me dis-je encore, elle revient aisé-
» ment : mais c'est une qualité, cela ».

Elle me prit la main. « Venez, dit-
» elle, que je vous fasse voir quelque
» chose. Serais-je de trop, dit l'oncle?
» Vous ne le croyez p s, répondit-elle
» avec un sourire si doux »! Et elle
lui prit aussi une main.

Elle nous fit entrer dans une chambre jolie, mais jolie!.. C'était la sienne,
voilà peut-être pourquoi elle me plut
tant.

Les chaises étaient chargées de robes,
de rubans, de dentelles ; cinq à six
bonnets sur une commode, et tout cela
d'une élégance, d'une fraîcheur.... C'é-
taient les présens de noce.

Pauvre petite! elle n'avait presque
rien : Montfort lui a fait un trousseau
tout entier.

« Diable! diable! dit l'oncle en se

» grattant l'oreille, ce coquin-là n'ar-
» rivera pas.

» Je n'aurais pas cru, dis-je à la jolie
» propriétaire, qu'on eût autant de goût
» à Rouen. — Oh, tout cela vient de
» Paris : Montfort a chargé de ses em-
» plettes un ancien ami de mon digne
» père. — Il fait très-bien ses commis-
» sions. — Si jamais je me marie, je
» n'en chargerai pas d'autre que mon-
» sieur Thibaut. Monsieur Thibaut !
» m'écriai-je », et je me repentis de
m'être écrié : il fallut convenir que je
suis très-lié avec lui.

Il doit une partie de sa fortune au
colonel Elliot. C'est par lui qu'il a obtenu une entreprise considérable à
l'armée d'Italie.

L'oncle nous laissa : il ne se connaît
point en parure, et ces détails lui
étaient indifférens : il descendit. Il regardait sur la route par où nous étions

arrivés, et se grattait toujours l'oreille ;
quelque chose le tracassait.

Moi, je pensais aux suites de mon in-
discrétion. Pour peu que j'intéresse,
au premier mot qui me décelera, on
ne manquera pas d'écrire à Thibaut.
Il fera un étalage de richesses ... Et, si
on m'accepte, je ne saurai point si c'est
moi ou mon carrosse qu'on aura
épousé.

Je demandai du papier à la séduisante fille, et pendant qu'elle essayait
tous les bonnets, qu'elle drapait ses
étoffes de cent manières, j'écrivais à
Thibaut.

« Si on vous demande des rensei-
» gnemens, dites franchement ce que
» vous pensez de ma personne, mais
» ne me faites pas riche à éblouir. Ne
» ne me faites pas non plus d'une pau-
» vreté telle qu'on ne puisse recevoir
» ma main sans avoir perdu la tête :

» ce serait être trop exigeant. Six mille
» livres de rente, entendez-vous » ?

Il y a une boîte aux lettres à Marome, et j'y portai la mienne : dans les
affaires importantes, je ne m'en rapporte
qu'à moi.

En revenant, j'aperçus sur la grande
route une nuée de poussière. L'oncle
riait; il ne se grattait plus l'oreille. « Le
» voilà enfin, le voilà, ce maraud-là ».

Il saute à poil sur le cheval pie, et
court au-devant du maraud. Je ne pré-
voyais pas quelle espèce d'homme pouvait obscurcir ainsi l'air.

Le nuage s'approche, il m'enveloppe,
et le maraud, son bâton à la main, fait
arrêter son détachement.

« Voilà mon présent de noce, à moi,
» dit l'oncle à son neveu : c'est du fruit
» de mes herbages, et de la première
» qualité : cela ne déparera pas tes
» prairies ».

C'étaient un taureau et douze vaches du pays d'Auge. L'oncle soutint que son cadeau était plus solide que les brimborions qu'il avait vus là-haut, et nous fûmes tous de son avis.

CHAPITRE XIX.

Premières sensations.

Le troupeau était encore dans la cour; Angélique y était restée. Je l'ai déjà dit, je reste où je suis bien, et je me trouvais au mieux auprès d'elle.

Elle tenait une badine. Elle agaça le taureau : ceux du pays d'Auge entendent mal la plaisanterie.

Celui-ci mugit, baissa la tête, frappa la terre du pied, et courut sur Angélique. Ses traits se décomposèrent, je frémis, mais je me déterminai à l'instant. Je l'enlevai dans mes bras..., Le taureau fondit sur moi... Elle jeta un cri perçant.

J'étais accolé à un bâtiment; l'animal demeurait immobile devant moi, et il faisait des efforts violens. Je croyais

fermement que ses cornes m'étaie
passées au travers du corps. Cependan
je ne sentais pas de mal, et cela me pa
raissait extraordinaire.

Montfort accourut. Il prit Angélique
et la remit à sa mère et à sa sœur, pâ
les et terrifiées. Il me dit de me baisser ; je le fis assez machinalement, je
l'avoue, et je fus très-étonné de n'é-
prouver aucune difficulté.

L'indigène du pays d'Auge gardait
fièrement son attitude, et je ne conce-
vais rien à son opiniâtreté. Je me remis, je l'observai, et je finis par rire
d'un incident qui pouvait avoir des
suites funestes.

Je m'étais trouvé pris entre ses
cornes très-ouvertes, et il s'était
lancé si vigoureusement, qu'elles
avaient percé une cloison en plâtre et
en chêne. L'animal, qui ne savait pas
se baisser à propos, restait accroché

à

à une traverse en bois, et sa position, que je croyais l'effet d'une
noble fierté, n'était que celui de la ré-
signation.

« Tu es un brave garçon, me dit
» l'oncle », et il me secoua fortement
la main. La famille se pressait autour
de moi, me remercia, me caressa....
Angélique surtout...... Je regrettai
presque de n'avoir pas été blessé.

Des attentions, des soins si délicats,
des prévenances si flatteuses, une reconnaissance si profondément sentie!
Elle ne sait pas qu'en la sauvant, je
n'ai rien fait que pour moi.

Elle répéta vingt fois qu'elle me
devait la vie..... Je lui devrai peut-
être davantage.

Je l'aurai ce taureau : j'en rendrai
deux à Montfort. Mais la fille charmante n'aura plus de badine ; elle ne
l'approchera même plus. C'est moi

qui lui porterai la mesure d'orge et la poignée de luzerne, et je m'acquitterai envers lui.

Un événement de ce genre établit une sorte d'intimité entre deux jeunes gens disposés à quelque chose de plus. Nous n'avions qu'un jour et demi à être ensemble, et les cœurs se rapprochent en raison de la crainte qu'on a de se quitter. Pas un mot cependant que je pusse favorablement interpréter; mais un ton si doux, si affectueux, et quelquefois un air rêveur, peiné, même..... On voit bien, quand on a intérêt à bien voir.

J'étais assis près d'elle; je la regardais et je rêvais aussi. Madame Elliot avait l'air de travailler..... Je la crois observatrice, et je soupçonne qu'elle pensait de son côté.

Elle me parla pour la première fois des occupations de ma première

jeunesse, de l'état actuel de mes
affaires. C'étaient des mots de loin en
loin, qui paraissaient jetés au hasard et
sans intention..... Il y en avait beaucoup.

Je ne sais pas mentir. J'avouai que
je suis le fils d'un président du parle-
ment de Besançon; je déclarai six mille
livres de rente, et c'était encore là
vérité : qui a plus, a moins.

Madame Elliot sortit sous quelque
prétexte. Je restai seul avec Angélique, et j'éprouvai de l'embarras. Je
sentais que l'affaire s'engageait, et que
le parti le plus simple était d'annoncer
sans détour..... N'est-il pas des choses
qu'une jeune personne aime autant de-
viner qu'entendre? Je l'aurais embarrassée aussi : d'ailleurs, avec l'esprit
qu'elle a, pouvait-elle s'y méprendre?

Le domestique de Monfort passa
devant la croisée : il tenait une lettre

M 2

Madame Elliot rentra : un de ses doigts
était taché d'encre. Oh, que j'ai bien
fait, pensai-je, d'avoir écrit à Thibaut!

Elle me demanda, le décadi matin,
comment je la trouvais mise. « Trop
» bien pour ces gens-là. Ils ne remar-
» queront peut-être que vos ajuste-
» mens; moi, je trouverai toujours
» Angélique, mais j'aimerais à la cher-
» cher moins. »

Elle ne répondit pas, et je craignais
de lui avoir déplu. Elle revint un moment après. Elle avait des guirlandes,
des bouffettes, des plumes de moins,
mais des grâces de plus, et c'est la vé-
ritable parure.

Elle me jeta un coup d'œil en dessous; je lui souris, cela voulait dire
pour nous : « Voyons s'il me tient
» compte de ma complaisance. — Oui,
» sans doute, et je vous en remercie. »

L'oncle conduisait Adèle, Montfort

donnait la main à madame Elliot; il
était tout simple que je lui offrisse
mon bras; elle me le demanda.

Il y a assez loin du domicile à la
municipalité. Nous avions le temps de
nous dire bien des choses, et nous ne
dîmes presque rien. Souvent ce bras,
qu'elle avait préféré, pressait légèrement sa main; une rougeur presqu'im-
perceptible répondait à chacun de mes
mouvemens..... C'est causer, cela.

Pendant la cérémonie, son maintien fut réservé, austère, même. Je
m'aperçois qu'elle a toujours l'esprit
du moment, et je l'accusais de fri-
volité !

Nous revenions. Un soupir expira
sur ses lèvres. Peut-être répondait-il
à ceux que je ne pensais plus à retenir.
« Montfort est heureux, lui dis-je.
» — Ma sœur ne l'est pas moins ».....
Mon bras pressa aussitôt sa main. «Vous

» vous trompez, monsieur, je ne parle
» que d'Adèle. » Et elle rougit, elle
rougit!.... Je ne trouvai pas un mot;
je n'eus pas même assez de force pour
reprendre cette main qu'on avait retirée. Je marchais à côté d'elle d'un
air si gauche, j'étais tellement décon-
tenancé..... Elle eut pitié de moi;
elle reprit mon bras.

Est-il nécessaire de l'étudier davantage, puisque je sais tout ce qu'elle
pense? Un visage candide est un prisme
où se réunissent toutes les nuances,
mais où l'œil les distingue aisément.

CHAPITRE XX.

L'explosion.

L'INSIPIDE dîner ! Je suis à une lieue d'elle : l'oncle s'en est emparé.

Il est bien extraordinaire cet oncle. Elle lui déplaisait hier, il l'obsède maintenant, et il me tourmente, moi.... Que ne restait-il dans son pays d'Auge !

Aurait-il des projets ? Ces vieux garçons sont si bizarres !..... Ah ! elle doit plaire à tout le monde, et si l'aimer n'est pas raison, je suis le plus fou de tous les hommes.

L'oncle est entre les deux sœurs. Adèle n'écoute pas : elle est toute à Montfort. Qu'il me paraît bien ! Rien ne sied comme le bonheur.

Angélique soutient seule une conversation qui, peut-être, ne l'intéresse pas, je m'en flatte, du moins..... Cependant elle y met une complaisance .. Je l'examine, cet oncle, il ne me semble ni si court, ni si gros..... Il n'est pas de rival à dédaigner.

Le regard, le langage, le silence même d'Angélique, tout ne me permet-il pas d'espérer..... Il y a un moment, je me flattais de lire dans son cœur, et je tremble maintenant..... Je tenais à Jeanneton par le besoin d'aimer : je tiens à la charmante fille par le besoin d'elle-même.

Montfort a fait venir d'excellens vins ; l'oncle se monte l'imagination, il continue de parler, sa figure est animée, son geste expressif, et il a cent mille écus..... Hé bien, j'en ai trois fois autant, douze ans de moins, de la taille, de la figure, et peut-être quelques qualités..... Non, il ne l'épousera pas.

Cependant plus de prétexte pour
rester

rester ici. Il faut partir demain, ou s'expliquer nettement ce soir.... Je ne partirai pas.

Je ne peux les entendre, et pour achever de me désoler, une dame de Marome, qui, je ne sais pourquoi, s'est assise à ma droite, me parle agriculture, basse-cour, potager..... Hé, que m'importent ses foins, ses choux et ses dindons!... Je crois, en vérité, qu'elle me presse le genou... C'est inutile, madame, cela ne se peut pas.... J'ai envie de le lui dire.

Oh! encore cet oncle! il ne finira pas. Je souffre... Je souffre.... Ah! elle prend tout-à-coup un air froid et réservé... Cela me rafraîchit le sang... Grâce, mille grâces, d'avoir daigné me rassurer........ Elle me devine donc aussi! . . . .

. . . .

Un moment..... que je classe mes

Tome I. N

idées.... Je ne sais plus où j'en suis de
mon récit..... Ah ! m'y voilà.

On avait quitté la table. Je la cherchais, j'allais la joindre. L'impitoyable
oncle s'empara aussi de moi... Je l'aurais brusqué, s'il ne tenait pas à la famille.

« Corbleu ! mon garçon, sais-tu
» qu'Angélique est charmante? » A qui
le disait-il ? «J'aime mon neveu ; mais
» je ne l'ai pas institué mon héritier. »
Je rougis, je pâlis.... « Elle n'a rien,
» cette Angélique; mais j'en ferai la pre-
» mière herbagère du pays d'Auge »

Il ajouta qu'il est désagréable de
faire soi-même la demande. Angélique
ne s'était pas clairement prononcée,
et elle pouvait le refuser. C'est à moi
qu'il réservait l'honneur de la persuader.

Il eût volontiers donné la préférence
à Montfort; mais les neveux n'aiment

pas à marier les oncles ; d'ailleurs j'étais franc, loyal, considéré dans la maison, l'homme enfin qu'il lui fallait.

Je n'ai jamais éprouvé de situation aussi pénible. La crainte, la colère m'agitaient, me bourrelaient : je n'y pouvais suffire. Mon cœur crevait.

Avec cela une fièvre d'amour !.... J'étais dans un désordre extraordinaire : il fallait avoir bien dîné pour ne pas s'en apercevoir.

« Je la verrai ! m'écriai-je. — Tu » la verras ? — A l'instant même ; mais » je ne sais pas tromper ; et c'est pour » moi que je lui parlerai. » Je ne sais ce qu'il répliqua ; j'allais, je venais, je courais la maison, comme un frénétique qui a rompu ses liens. Je la trouvai, je ne me rappelle pas où, et je tombai à ses pieds. Madame Elliot ne m'avait pas perdu de vue ; elle était derrière moi......... Mais la lave ne

connaît pas de barrière. Elle couve,
elle fermente, elle s'échappe, elle se
répand.

Je délirai long-temps, et je ne me
souviens pas de ce que je dis. Je me
trouvai sur un fauteuil de canne ; madame Elliot était assise auprès de moi.
Elle tenait une de mes mains, et me
regardait avec bonté. L'aimable fille
était debout, les joues colorées, l'œil
humide, la respiration embarrassée.

Je me levai, je demandai pardon.
« Allons, mon Angélique, dit madame
» Elliot ; rends-le tout-à-fait à lui-même.
» Un mot de consolation et d'espoir.
» — Hé ! maman, que lui dirai-je qu'il
» ne sache déjà ? »

De quel poids je me sentis déchargé !
Un baume bienfaisant coulait dans
mes veines. Je retrouvai ma raison,
mon jugement, et les expressions sui-
vies de la plus vive reconnaisssance.....

En effet, que ne devons-nous pas à ces êtres charmans, qui veulent bien se charger de la tâche pénible du bonheur de notre vie!

Le reste de la journée, elle évita l'oncle, et il me fit la mine. Toujours opiniâtre, il s'adressa directement à sa mère : elle le refusa poliment. Il se le tint pour dit, il enfourcha le cheval pie, et retourna au pays d'Auge.

Je ne pus m'empêcher de le plaindre : il doit être affreux de perdre ce qu'on aime...... Il boit..... cela console de tout.

CHAPITRE XXI.

Mes dispositions.

Elle reprend toute sa gaieté ; c'est mon aveu , dit-elle , qui la lui rend. Elle a été aussi inquiète et craintive , et elle veut bien me l'avouer.

Oh! comme elle sait aimer ! La sensation qu'elle inspire est toujours celle qu'elle éprouve : le mot que j'attends est celui qu'elle m'adresse.

Elle m'abandonne sa main , et quelquefois elle prend la mienne. Je ne l'ai pas embrassée encore, et mon respect la flatte autant que mon amour.

Elle m'estime, elle me le dit , et mon bonheur est de la croire : je lui sacrifierais ma fortune, mon repos, ma vie, tout, hors son estime.

Aussi elle est confiante ! je suis des

heures avec elle dans une chambre, dans un cabinet..... Madame Elliot le sait; mais elle a mis l'innocence sous la sauve-garde de l'honneur.

J'ai vingt-neuf ans, et j'ai toujours été sage. . . . Il m'en a coûté souvent; mais je n'ai fait aucun sacrifice qui n'ait apporté sa récompense. Jeanneton rougirait peut-être devant moi; elle me reverra comme son meilleur ami.

Honorons les femmes, et nous les rendrons respectables.

Je passe les journées chez madame Elliot; mais je couche chez Montfort: c'est Angélique qui l'a voulu.

Comme elle sympathise avec moi! Comme ses idées vont au-devant des miennes! J'allais demander une chambre à Montfort; elle m'a prévenu, et ce n'est ni pour elle ni pour moi; mais l'opinion, dit-elle, est la reine

N 4

du monde, et la réputation d'une jeune personne est une fleur que le moindre hâle ternit.

Elle a des connaissances, du savoir même, et je ne m'en suis aperçu que dans notre intimité. Une femme savante étonne ; une femme aimable attire ; et elle ne veut pas m'étonner.

Ah! quel trésor j'ai trouvé là !

Voyagez donc en poste, vous qui appe'ez l'objet qui doit enfin vous fixer ! Viendra-t-il vous chercher entre quatre verres de Bohême ? L'amour peut s'y renfermer ; mais il faut l'y conduire par la main.

Je l'y placerai entre Angélique et moi.

A propos, j'oublie de vous rendre compte de mes petits arrangemens.... Je ne sais pas m'arrêter quand je parle bonheur.

Montfort m'a dit ce matin : « Vous

» connaissez la fortune de madame
» Elliot; elle ne peut presque rien pour
» sa fille. — Elle me la donne ; c'est
» un présent inestimable. J'aime les
» bons exemples , et je suivrai le
» vôtre. »

En effet, disais-je en me renfermant
le soir, je n'ai pas pensé aux dispo-
sitions.... et le temps qu'on perd aujourd'hui est un vol fait au lendemain. Hâtons-nous.

Je prends du papier, et j'écris mes
notes.

« Dix mille livres de douaire. » Si
l'aisance ne console pas toujours, elle
aide au moins à supporter la douleur.

« Trois mille livres de rente viagère
» à madame Elliot, et cette pension-ci
» lui sera payée. » C'est peu de chose
pour celle à qui je dois Angélique ; mais
je peux avoir des enfans... Il faut être
juste envers tout le monde.

Voilà pour l'essentiel : voyons l'a-
gréable.

« Un appartement complet dans le
» plus beau quartier de Paris. L'ameu-
» blement pris au coin de la place
» Dauphine. » Cet homme est cher ;
mais on n'a chez lui que l'embarras
du choix.

« Un carrosse neuf et du dernier
» goût ; les panneaux gris-de-lin ; au
» milieu, l'Amour brisant la faux du
» Temps ; l'intérieur bleu-de-ciel,
» brodé en fleurs par des mains habi-
» les. » Je me réserve le plaisir de les
voir effacer toutes.

« Deux chevaux soupe-de-lait. Les
» harnais piqués en argent ; les co-
» cardes, les crinières, les rênes,
» tressées argent et bleu.

« Vingt robes prises chez madame
» Lisfranc, et qu'on la priera de bien

» coudre »…. Ah! et sa mesure…. je
volerai un de ses corsets.

« Une chaîne en diamans, de cinq
» à six tours : quelques jolies bagues
» pour une main mignonne et effilée.

« Un bracelet qui renfermera mon
» portrait en miniature : on le fera sur
» celui que j'ai laissé chez moi »……
Non, non, pas de portrait ; qu'en
ferait-elle : je ne la quitterai plus.

« Ah! mon Dieu!…. j'oubliais….. un
» habit neuf à Antoine, une montre
» d'or; » il y a long-temps qu'il en a
envie.

« Il montera dans mon ancien car-
» rosse. » Il sera au mariage; il y doit
être : c'est mon plus ancien ami.

« Il aura en route la haute-main sur
» les deux cochers : » je le fais mon re-
présentant.

« Qu'on se garde bien de monter
» dans l'équipage gris-de-lin. C'est

» une offrande à la beauté ; qu'elle
» arrive intacte comme elle : un ca-
» denas à chaque portière. »

« Que tout cela arrive au plus tard
» dans huit jours , plus tôt s'il est
» possible. Employez cinquante ou-
» vriers..... employez-en mille. »

« Les équipages et les gens s'arrê-
» teront au Bois-Guillaume , à une
» demi-lieue d'ici. Antoine se déta-
» chera et viendra m'avertir : il ne
» parlera qu'à moi..... Qu'à moi, en-
» tendez-vous , Antoine , ou je me
» brouille avec vous. »

Récapitulons un peu. Tous ces ar-
ticles peuvent aller à trente mille
francs. Je vous en ai laissé quatre-
vingts , mon cher Thibaut : j'ai donc
encore cinquante mille livres à ma
disposition. Voyons s'il ne manque
plus rien.

« Ah !.... de la vaisselle plate pour

» deux mille écus, dé la porcelaine
» pour moitié. »

Et Adèle...... Adèle , donc...... Je
suis comme un fou. Le portrait sera
pour elle : c'est un souvenir d'amitié.
« Un entourage de brillans..... quatre
» mille francs environ.

» Encore un mot : dites aux amis
» de la rue de Bièvre, que je me
» marie, et que je me marie selon
» mon cœur. Cette nouvelle leur fera
» plaisir.

» Je vais à Rouen, dis-je à madame
» Elliot, j'ai deux heures à passer avec
» un notaire....... Je les regretterais,
» si je ne me flattais de rendre tout le
» monde content. Je m'en rapporte
» à vous, répondit-elle, je signerai
» aveuglément. »

Angélique me conduisit à deux
cents pas. Son joli bras s'était arrondi
autour de moi, son œil avait perdu

sa vivacité , mais sa langueur était si expressive ! « A demain donc , à de- » main, me disait elle , quand je l'eus » quittée.... à demain , répétais-je en » m'éloignant à reculois » ...... Je ne la voyais plus...... Je la cherchais encore.

———

CHAPITRE XXII.

Le notaire.

CROYEZ-MOI, c'est une règle à peu près générale; l'homme modeste, qui se présente simplement et sans entourage, n'attire pas la moindre attention. Nous sommes de grands enfans; nous voulons des hochets.

Mon carrosse m'avait été inutile à Caudebec; il m'eût été nécessaire à Rouen.

Le notaire ne concevait pas qu'on pût parler de neuf cent mille francs quand on arrive à pied, et sa manière de s'étonner avait quelque chose d'impertinent.

J'entrai dans des détails : il me crut à la fin; mais il me prit pour un original.

Ma façon de l'être ne fait au moins de mal à personne, et la sienne me choquait. Je pris le ton tranchant de l'opulence, je le menai lestement; je me donne des airs tout comme un autre, quand je veux bien descendre jusque-là.

Je notifiai mes intentions en jetant sur le bureau un rouleau de vingt cinq louis pour le papier marqué, pour ne pas attendre, et pour convaincre qu'on ne serait pas dupe du piéton.

Comme ce chien de métal rapproche les hommes! Mon ton, plus que familier, avait remis celui-ci à sa place: mon rouleau me valut une considération, des égards dont j'étais presque honteux. Il me fit pitié, mais j'avais besoin de lui: je restai.

Il prenait des notes pour la rédaction du contrat de mariage; il me mutait une procuration qui autorisait
                                    Thibaut

Thibaut à remplir à Paris les formalités d'usage...... Les opérations des no-
taires n'ont rien de fort amusant, même
pour la clientelle : pendant qu'il écri-
vait, je bâillais, moi, en lisant les af-
fiches qui tapissaient l'étude.

*Vente après décès.... Bail emphy-
théotique à céder*, et je bâillais de
plus belle, comme autrefois sur le ru-
diment qu'il fallait que j'eusse l'air d'é-
tudier.

Ah!...... *Jolie maison de campagne entre Marome et le Bois-Guillaume.....* A un quart de lieue du petit domaine de madame Elliot! Voyons
cela ; et je deviens attentif.... Bon, elle
est assez petite pour qu'on s'y trouve
toujours, sans s'y chercher jamais ; elle
est assez grande pour recevoir quelques amis....... *Toute meublée* ; mais
c'est très-commode. ... *Potager, parterre, jardin anglais, petit bois......*

Tome I.   O

Ah ! un petit bois....... Est-il bien touffu, citoyen notaire ?

J'y mettrai un lit de gazon : quels heureux momens nous passerons en été dans ce petit bois ! C'est là que nous nous déroberons aux fâcheux, à nos gens; c'est là que nous jouirons de nous-mêmes.

L'hiver, la musique, la chasse..... Mais que fera-t-elle pendant que je chasserai ?....... Non, non, cela n'est pas juste. Elle est jeune, il faut qu'elle s'amuse : je le veux. Le plaisir est à la beauté ce que le soleil est aux fleurs. Nous passerons les hivers à Paris. Elle sera toute à la société, et elle en fera les délices..... C'est fort bien; mais moi, que deviendrai-je à mon tour ? Les nuits d'amour sont trop courtes quand les journées paraissent longues.

N'importe, je ne l'aime pas uniquement pour moi; l'amour, d'ailleurs, se nourrit de ses sacrifices : c'est un point résolu, elle verra Paris.

Mais aussi, à peine les feuilles commenceront à poindre, que je m'emparerai d'elle exclusivement. Nous viendrons rire, folâtrer, faire l'amour à la campagne. Nous reverrons le petit bois........

« Combien la maison, citoyen no-
» taire? — Trente mille francs. — J'en
» donne vingt, et je paie comptant. —
» Mais....... — Pas de mais. Affaire
» conclue ou manquée ce soir : je ne
» resterai pas demain, me donnât-on
» la maison pour rien........ Ah ! çà,
» pas de mineurs, de douaire, d'hy-
» pothèques...... — Je garantis la vé-
» racité de l'affiche. — C'est assez : la
» parole d'un notaire est respectable
» pour moi. Finissons, si cela vous
» convient. »

Et il commence un sous-seing-privé,

et j'écris à Thibaut d'envoyer au notaire du Vieux-Marché les trente-sept
mille livres qui lui resteront, et je re-
commande bien à Antoine de prendre
les clefs en passant à Rouen, *et cætera*,
et cætera.

Je signe gaiement l'écrit du notaire,
qui me reconduit humblement jusqu'au milieu de la rue ; je gagne l'auberge où j'ai déjà logé. J'y retrouve
mon officier de hussards...... Je crois,
en vérité, qu'il avait encore envie de
souper avec moi. Je déclarai que je
mangerais seul, parce que j'avais des
affaires importantes. En effet, je voulais penser à elle le reste de la soirée.

J'étais levé avant le soleil ; il y avait
dix-huit heures que je l'avais quittée.
Je courus prendre un bidet à la poste....
On s'éloigne au petit pas ; on revient
volontiers au galop.

Je m'arrêtai cependant à la maison

que j'avais achetée. Je donnai un coup d'œil rapide, et je fus content de tout. Je remarquai, entr'autres, la plus jolie petite chambre : fraîche, élégante, commode.... et une alcove enfoncée.... Ce sera la sienne, disais-je en remontant à cheval ; c'est dans cette chambre...... Et pensers d'amour galopaient avec moi.

J'approchais de chez madame Elliot; je regardais........ La croisée au midi était ouverte. Une jeune personne avec une longue-vue..... « Oh ! c'est bien » elle, et aujourd'hui c'est pour moi » qu'elle y est. »

Elle me fait signe de la main, et je l'entends, et vite je saute de cheval, et je renvoie le postillon. Elle sort, et elle est seule ; je l'avais prévu, et je ne fais plus un pas. Je distingue successivement les plis ondoyans de la robe, le fichu, confident discret, le sourcil

noir, l'œil bleu, le nez en l'air, les lèvres rosées ; chaque seconde amène
une jouissance.

« Ah! méchant, me laisser faire tout
» le chemin! — J'en aurais perdu la
» moitié en courant au-devant de vous. »
Et le bras électrique reprenait sa position, et nous allions doucement, si
doucement !.... Nous craignions d'arriver..... Et son œil me disait : Il y a un
siècle que je ne t'ai vu; et le mien répondait...... Il répondait juste, car elle
sourit si tendrement !

CHAPITRE XXIII.

Inquiétudes, impatience.

JE suis tourmenté par mille idées différentes, et qui toutes se rapportent à
un seul objet.

Thibaut fera-t-il tout ce que je lui
demande ? fera-t-il tout bien ? fera t-il
tout assez promptement ?

En pensant à cette foule de détails,
je me reprochais les courses, les peines,
les embarras que je lui causais...,. Avec
deux mots je calmai mes craintes : « Il
» se mariera peut-être, et j'en ferai
» autant pour lui. »

Quand je la vois d'ailleurs, il me
semble qu'on ne peut trop faire pour
elle : je serais son meilleur ami, si je
n'étais son amant.

Encore quatre mortels jours avant
la signature du contrat, deux ensuite

avant celui si désiré..... Que le temps est bizarre ! il vole, ou il s'arrête impitoyablement.

J'aurais pu hâter sa marche : je n'avais qu'à déclarer ma fortune, mes projets, terminer de suite, et laisser arriver mes gens quand ils pourraient. Mais la surprise que je lui réserve, le plaisir que lui causera cet entourage imprévu et complet d'opulence et de luxe, tout cela eût été perdu pour elle. Attendons, attendons patiemment, et qu'elle ait une jouissance de plus.

Peut-être aussi ai-je fait une imprudence. Si, trop sensible à cet éclat, elle se montrait moins empressée, moins tendre..... Elle ne serait qu'une femme ordinaire; cela ne se peut pas... ... Ingrat! tu le sais bien.

Nous sommes injustes, nous autres hommes.

Quelquefois

Quelquefois elle me demande si nous habiterons Paris, ou si je consentirai à me fixer auprès de sa mère ; si je prendrai un état ; s'il en est qu'on puisse exercer chez soi, près de sa femme ; sauf à avoir quelques distractions ; si je suis répandu ; si ma société est dispendieuse...... Il est des momens où mon secret vient errer sur mes lèvres, où je le sens qui s'échappe : mon cœur alors me tire d'embarras. Un mot sentimental détourne la conversation, il amène ces longs et doux épanchemens pendant lesquels on oublie fortune, ambition, passé, avenir, tout, hors le présent et l'amour.

Une autre fois elle arrange son petit plan de ménage. C'est un logement propre et agréable, à un second ou troisième étage ; une table frugale, mais saine ; une mise simple, mais élégante ; très peu d'amis, et de la classe

Tome I.   P

mitoyenne ; de fréquentes promenades
l'été ; des lectures pendant les soirées
d'hiver ; rarement au spectacle, il est
cher à Paris, et la foule effraie les
amours. Elle sait broder, tailler une
robe, chiffonner un bonnet ; elle fera
à peu près tout elle-même ; elle trouvera dans ses économies la dot qu'elle
ne m'apporte pas.

Et tout cela est dit avec tant de
candeur, semé de réflexions si justes,
d'idées si ingénues et si piquantes à
la fois! des expressions si flatteuses,
un abandon si vrai, et toujours ce regard si modeste et si tendre! enfin,
que sais-je, moi?...... Délicieuse créa-
ture !

Ah! je le sens, je l'aimerai toute ma vie.

Comment peut-on être inconstant?

L'amour est le délire du cœur : l'in-
constance n'est que celui du cerveau.

Le premier, dit-on, ne dure pas

toujours : le second le remplace-t-il jamais ?

Je conçois que le désir change d'objet ; mais on n'aime qu'une fois, et quand c'est Angélique, que peut-on désirer après ?

Le sentiment du bonheur perce et s'échappe malgré nous ; il s'étend, il pénètre tout ce qui nous environne. Sa mère et sa sœur étaient heureuses déjà : je crois qu'en nous regardant, elles le sont davantage.

On n'a pas ses lettres quand on veut à Marome ; j'en attendais de Paris, et chaque instant ajoutait à mon impatience. J'avais envoyé un homme à Rouen, et en attendant son retour, nous étions tous rassemblés autour d'un bon feu. Elle s'était mise près de moi, nous chantions, et sa main répondait à la mienne. Mon coureur arrive avec deux paquets, l'un pour moi, l'autre pour madame Elliot. On se lève, on court, et on se retire chacun dans une embrâsure.

Elle lisait par-dessus l'épaule de sa mère, et cependant elle suivait tous mes mouvemens ; c'est assez son habitude. Elle voyait le plaisir que j'éprouvais en lisant ; elle eut la discrétion de ne pas m'interroger, et moi, la petite cruauté de ne rien lui dire.

Thibaut me mandait que mes ordres étaient exécutés. Il en avait coûté un peu cher, mais tout était prêt, et le lendemain à midi, Antoine devait être à Marome. Demain, fille charmante, tu ne penseras plus à ton troisième étage, ni aux économies, ni aux privations...... Tu n'auras pas de désirs qui ne soient satisfaits, car tu n'en auras que de raisonnables.

Dans ma lettre était celle que madame Elliot avait écrite à Thibaut.

Qu'elle était flatteuse pour moi ! « La
» candeur, de son âme, disait-elle en
» finissant, se peint dans tous ses traits ;
» ce sont moins des conseils que je vous
» demande, que le plaisir de vous voir
» confirmer l'opinion avantageuse que
» nous avons tous de lui. »

Je ne dis rien à madame Elliot de
l'aimable trahison de Thibaut, mais je
l'embrassai de tout mon cœur.

CHAPITRE XXIV.

Le grand etalage.

Il est des nuits dont on ne voit pas la fin. Celle-ci me parut longue..... Ah !

Le jour vint..... il me semblait plus clair, la neige plus blanche ; ma chambre plus gaie.....C'est un reflet de bonheur qui brillantait tout cela.

Je cherchais, en m'habillant, à arranger les petits mensonges qu'il faudrait faire encore quand Antoine serait arrivé.... Ah !.... je me rappelai que je n'avais pas rendu compte de la lettre de la veille. « Bon ! elle sera du notaire, » il nous attend ce soir, et il m'envoie » une voiture. L'essieu sera cassé en » route ; il est donc indispensable de » marcher jusqu'à la poste du Bois-Guil- » laume..... Antoine dira tout cela. »

Maison, meubles, jardins, heureux
petit bois, gens, chevaux, équipages,
garde-robe, bijoux, il faut que l'ensemble frappe l'œil, que tout séduise
à la fois.

« Mais il est comme moi, cet An-
» toine : quand il ment, il est d'un
» gauche !.. Il se laissera pénétrer....
» Di ble, diable »!.. Et je me grat-
tais l'oreille, comme l'oncle du pays
d'Auge, lorsqu'il attendait son bouvier.

Il fallait pourtant prendre un parti.
Je me décidai à faire pour le mieux :
c'est là ce qui s'appelle *raisonner*.

J'arrivai chez madame Elliot. « Eveil-
» lez-vous donc, charmante espiègle,
» dis-je en grattant à sa porte. — Ah !
» monsieur croit qu'on dort ? — Vous
» avez passé une mauvaise nuit ? — Au
» contraire. — Et vous n'avez pas dor-
» mi plus que moi ? — Laissez - moi

P 4

» donc mes secrets, homme exigeant.
» Ils sont à moi pour deux grands jours
» encore.—Oh! oui, deux jours bien
» longs. — Voyons, mon ami, que
» me voulez-vous » ?

Je voulais d'abord ne pas causer par
le trou de la serrure; cela n'est pas
commode du tout. Je priai, je sup-
pliai... Elle tira son cordon, la porte
s'ouvrit, et, pour la première fois, je la
contemplai dans son joli lit blanc, en-
veloppée jusqu'au menton, plus fraîche que le ruban rose qui attachait son
bonnet.

Oh! l'enchanteresse! qu'elle était
bien!... si bien que je n'osai passer le
seuil de la porte... Tant pis pour qui
me trouvera ridicule.

Je voulus commencer mes contes,
mes mensonges, mes perfidies comme
on voudra, et je ne savais ce que je
disais, car souvent elle riait aux éclats.

Je m'arrêtais, je la regardais, et ce
n'était pas le moyen de retrouver le
fil de mes idées. Il faut en vérité être
fou, pour s'imaginer conserver sa tête
auprès de la plus jolie femme du monde,
qui vous reçoit au lit. Je me dépitai
contre moi-même, je tirai la porte, et je
m'en allai comme j'étais venu, comme
un sot, ou à-peu-près.

Elle n'en parut pas fâchée, lorsqu'elle descendit. La femme la plus
sage aime assez à voir déraisonner
l'homme qu'elle estime simplement....
Et quand elle l'aime, donc !

J'annonçai en déjeunant qu'il fallait
être prêtes à midi. On m'interrogea :
oh ! je mentis alors avec des grâces,
avec une facilité... Elles étaient trois.

Il était onze heures et demie, et je ne
voyais arriver personne. J'étais distrait,
j'étais impatient, j'étais presque de
mauvaise humeur. Cloué à une croisée,

je ne répondais plus qu'à Angélique,
et je lui répondais sans tourner la tête.
Vinrent les plaisanteries, les niches
même; peines perdues que tout cela :
j'étais inébranlable à mon poste.

Enfin mes yeux fatigués démêlent un
individu; je les fatigue davantage en
cherchant à le reconnaître dans l'éloi-
gnement. Il approche, mais si lente-
ment!... comme l'espérance au cœur
d'un malheureux. Cependant.. Mais
oui... non... si fait, si fait. Habit de
ratine brune, veste rouge, bordée
d'un petit galon d'or, culotte de ve-
lours noir, bas de soie gris, le gros
bouquet, les gants blancs, la chaîne de
montre qui tombe au milieu de la
cuisse... C'est Antoine, c'est lui. Ah !
je respire.

Je ne l'attends pas. Je cours, je le
joins, je lui fais la leçon... Le coquin!

Je le croyais un mal-adroit, et il me trompait moi-même.

Il la jugea au premier coup d'œil; il la salua avec un air de la vieille cour; il lui tourna un compliment très-passable; enfin il arrangea sa fable avec une bonhomie à persuader les plus fins.

Il fallait déterminer ces dames à faire une demi-lieue à pied, par la gelée la plus belle, mais aussi la plus piquante. Elle aimait mieux marcher qu'attendre : sa mère et sa sœur n'étaient pas tout-à-fait si pressées. Elle lève les difficultés; elle apporte des coiffes, des pelisses; elle enveloppe tout son monde, elle prend Adèle sous un bras, elle donne l'autre à madame Elliot; elle cache son nez agaçant dans son mouchoir, et nous voilà en route.

Quel changement une heure va pro-

duire dans tous les esprits! Moi-même,
je ne serai plus l'homme obscur, qui
n'a dû qu'à lui le cœur de la séduisante
fille. Puissé-je le garder au milieu de
tout cela!... Encore des inquiétudes!...
Oh! oui, il est à moi, ce cœur, et il
est à moi sans retour.

L'impatience n'est pas un mal qui se
gagne : madame Elliot n'avançait pas.
« Mon cher Montfort, chargez-vous
» d'Adèle et de notre maman; moi, je
» m'empare de mon Angélique ». Je
la cache à-peu-près sous mon habit
fourré, je la soutiens, je l'entraîne, je
l'enlève, nous volons, nous arrivons à
la grille.

Elle parut frappée des panneaux
gris-de-lin, de la tournure fringante des
chevaux, de l'élégance des harnais.
Je le fus, moi, de trouver dans la cour
une troisième voiture sur laquelle je

ne comptais pas. Antoine riait dans sa barbe.... le tripon!

Il nous fait monter le péristyle, traverser une ou deux pièces ; il ouvre une porte, et deux personnes que je n'ai pas le temps de reconnaître, me pressent dans leurs bras : c'étaient Thibaut et Jeanneton. « Quand on n'invite » pas ses amis, me dirent-ils, ils ne » s'en fâchent point, mais ils arrivent. »

Elle regardait Jeanneton d'un air qui disait clairement : Pourquoi connaître une aussi jolie femme, pourquoi ne m'en avoir rien dit ; pourquoi surtout cette familiarité ?... La jolie femme ne me paraissait plus si bien : Jeanneton pourtant est toujours la même ; elle n'a perdu que dans mon cœur.

Jamais le plus léger nuage ne troublera le repos d'Angélique. Je la dissuadai, je lui fis un précis de l'intéressante histoire, et elle offrit son amitié à Jeanneton avec une franchise, une cordialité dont je lui sus bien bon gré.

Madame Elliot, Adèle, Montfort, arrivèrent enfin. Je ne pouvais empêcher Thibaut de donner un moment à l'amitié... Mais j'abrégeai, j'abrégeai... et nous commençâmes à courir la maison.

Antoine, mon maréchal-des-logis, marche en avant. Il nous conduit à la salle à manger, ouvre un riche buffet, et demande à l'aimable fille si elle veut être servie en porcelaine, ou en vaisselle plate. Elle répond avec indifférence, que cela lui est égal. Antoine passe, nous le suivons.

Toutes les chambres sont propres, rangées, grand feu partout. Il indique à chacun son logement, et chacun se trouve fort bien. Madame Elliot demande simplement si c'est là que se fera la noce.

Nous entrons enfin dans sa chambre... Vous savez bbien la chambre à alcove? Un jardinier, deux cochers, un cuisinier, une jeune personne bien faite, paraissent aussitôt, lui offrent des bouquets et lui demandent ses ordres... Ah! elle commence à s'étonner.

La jeune personne l'invite à choisir ce qu'elle mettra le soir; trois armoires sont dégarnies en un clin d'œil. Les robes, les dentelles, les fleurs, les pierreries sont étalées sur le lit, sur l'ottomane, sur les fauteuils... Ici l'étonnement redouble, on m'interroge, on me presse...

Je ne réponds rien, mais je deviens acteur. Je prends la chaîne en diamans, je la lui présente, je l'attache; ses jolis doigts sont couverts d'or et de brillans; mon portrait enfin est entre les mains d'Adèle... stupéfaction, enchantement sur toutes les figures,... Un reste d'in-

certitude rembrunissait de temps en
temps le tableau. « Mais, mon Dieu,
» où sommes-nous donc ? me dit-elle
» enfin. — Vous êtes chez vous. —
» Quelle plaisanterie ! Toutes ces ri-
» chesses ?.... — Sont les vôtres. — Et
» ce superbe équipage ?... — Est à
» vous : tout est à vous, avec quarante
» mille livres de rente... Je t'ai trom-
» pée, fille adorable, mais par excès
» de délicatesse : j'ai voulu te devoir à
» moi seul. Reçois l'hommage de ma
» reconnaissance, comme tu as reçu
» celui de mon amour ».

L'extrême sensibilité est muette.
Personne ne parla : je les entendais
tous.

J'avais oublié Thibaut et Jeanneton ;
je n'avais pensé ni à une femme de
chambre, ni à un cuisinier, ni à mille
détails. Thibaut avait tout prévu... Il
n'est pas amoureux.

On

On se mit à table. Je voulus que dès ce moment elle jouât le rôle de maîtresse de maison. Elle le remplit comme elle fait tout. La facilité, le sentiment, la saillie, les grâces, rien ne lui est étranger, et jamais rien qu'à propos.

Pendant ce dîner, que la joie intérieure, l'amitié, l'amour embellissaient de concert, Justine préparait ce qu'il lui fallait pour paraître à Rouen avec un certain éclat. Antoine disposait, de son côté, ce qui m'était nécessaire : sans vanité, nos équipages demandaient de la toilette.

Montfort avait envoyé son domestique prendre chez madame Elliot ce qui manquait aux deux dames. Chacun s'enferma dans sa chambre. Je l'avais conduite à la sienne; j'aime tant à voir cette alcôve!

Antoine s'était surpassé dans ma coiffure, dans le choix du frac et du gilet.

Tome I. Q

« Encore une tricherie, dit-elle, quand
» on se rassembla. Il a dédaigné jus-
» qu'ici de faire valoir ses agrémens
» personnels..... Le méchant ! il sait
» trop qu'il n'a pas besoin d'art ».

Je me regardai un moment. ...Je fus
presque de son avis. Je lui pris la main;
ses bagues me piquèrent ; je les ôtai
toutes... « Le luxe pour les autres , lui
» dis-je , la nature pour moi ».

Je levai moi-même les cadenas de
l'élégant carrosse, et j'exigeai que a
divinité du petit temple y entrât la
première. Sa mère se plaça auprès
d'elle ; Adèle et moi nous prîmes le
devant. Montfort, Jeanneton et Thibaut montèrent dans l'autre carrosse.

Combien cette estimable famille paraissait satisfaite ! Combien il est doux
d'user ainsi des dons de la fortune !

Avant de procéder à la lecture du
contrat , le notaire nous dit les choses

les plus flatteuses, et ce qu'il disait n'était pas étudié... Je le crois bien, parbleu; j'avais avec moi les trois plus jolies femmes que j'aie vues de ma vie.

On se rangea, on s'assit, il lut. Les dix mille livres de douaire ne produisirent sur son visage aucune altération sensible. Mais les trois mille francs de pension à sa mère!... Elle ne tint pas contre ce dernier trait. Elle se leva, les bras ouverts, vint à moi, m'embrassa avec une tendresse!..... des larmes coulaient sur ma joue... C'était le premier baiser; il me brûla. Ses pleurs qu'arrachaient la piété filiale, me rafraîchirent et me calmèrent.

Je voulais les conduire au spectacle, faire préparer un souper et des lits à l'auberge : « Non, non, dit-elle en » essuyant ses yeux, les plus beaux » yeux du monde, point de spectacle, » point d'auberge. Retournons au

Q 2

» Bois-Guillaume; laisse-moi jouir de
» tes bienfaits. Que des étrangers ce
» gênent ni les expressions de mon
» amour, ni la reconnaissance de ceux
» sur qui tu répands le bonheur. Epuise
» pendant cette délicieuse soirée tous
» les tributs que peut ambitionner
» l'homme de bien ».

CHAPITRE XXV.

Elle est ma femme.

Non, non, point de détails...... Vous savez tout, si vous savez aimer....

Point de détails, vous dis-je. Je ne trahirai pas les secrets de la pudeur.

CHAPITRE XXVI.

Le lendemain.

Les convives, les fâcheux sont partis. Il ne reste, avec les tendres époux, que de bons parens et deux vrais amis : on est tout à soi.

C'est l'heure du déjeuner, il est prêt. Justine vient nous avertir. Je lui ouvre, elle passe la robe du matin.... Quel embarras, quelle rougeur à l'aspect de Justine! cette fille a déjà servi sans doute de nouvelles mariées : elle a l'air de ne s'apercevoir de rien.

Je donne la main à ma femme... à ma femme, entendez-vous? et je la conduis au salon. Elle rougit encore en embrassant sa mère, Adèle et Montfort... Je la prends sur mes genoux, je tourne son joli visage contre mon sein,

je la cache à tout le monde, mes bai-
sers effacent ceux qu'elle vient de recevoir, et elle rougit davantage : la modestie est le fard de la beauté.

C'est sur mes genoux qu'elle déjeune,
c'est moi qui la sers, c'est elle qui veut
me servir. Echange de soins, de prévenances, et peut-être accroissement de
tendresse... Oh! non; cela ne se peut
pas.

Rousseau a dit : Femmes, voulez-
vous savoir si votre amant vous aime?
Examinez-le en sortant de vos bras.....
L'enchanteresse a lu Rousseau; elle me
regarde, et elle paraît contente de moi.

Combien je le suis d'elle, de sa famille, de Thibaut, de Jeanneton,
même de mes gens! Tout ce qui m'environne semble ne respirer que pour
moi.... Est-ce une sorte d'épidémie
que la félicité, cela se communique-
t-il?

Jeanneton la prévient, la caresse; elle sait donc l'apprécier: c'est un mérite de plus.

Le bon Antoine est si gai, si affectueux! Il est si empressé près d'elle, et en même temps si rempli d'égards! Pas un mot qui n'annonce le respect, et qui n'exprime un sentiment.

Tous les cœurs volent au-devant d'elle; pourquoi n'en a-t-elle qu'un?... En eût-elle mille, je les demanderais tous.

« Qu'ai-je donc fait pour être aimée » ainsi? me dit-elle. — Que te répon-» dre, femme accomplie? L'affection » est la seule chose qui ne se com-» mande pas, et qu'on ne puisse re-» fuser. »

Après le déjeuner, Montfort propose une promenade à pied. On accepte, et chacun va prendre sa pelisse ou sa capote. Jeanneton rit en en sortant....

sortant.....Moi, je ne vois rien de plaisant à cela.

Je monte dans une chambre, je cherche certain déshabillé que j'avais dit à Antoine de tenir prêt, je ne le trouve pas. Je retourne tout; peine inutile. Je ne sais par quel hasard le gilet de satin vert et le pantalon chamois se présentent sur un fauteuil....... Il me semble les avoir serrés.

Les mettrai-je? Non, je ne veux pas les user....... Mais où est donc ce chien d'Antoine? Je sonne, je l'appelle, pas d'Antoine, et le temps s'écoule..... Je me décide; je passe le gilet vert, je chausse le pantalon chamois, l'habit fourré là-dessus, et je descends.

« Hé bien, où sont-ils donc? » Madame est sortie, répond Justine » d'un air ingénu. — Comment, ma- » dame est sortie! et sans moi! Le

Tome I. R

» tour est piquant. Et les autres ? — Ils
» sont sortis ensemble. — Et où sont
» ils donc allés ? — Dans les jardins,
» je pense. » La rusée ! me voilà cherchant dans le parterre, dans le petit
bois, dans la serre. Je m'agite, je me
démène, je m'impatiente. Je rentre,
j'ouvre les chambres, les armoires, en
haut, en bas..... Personne, absolument
personne. « C'est une niche, cela, di-
» sais je en gagnant la cour: vous me la
» paierez, espiégle. »

Je vois les chevaux à un carrosse,
et mon ancien cocher sur le siége.
« Que fais-tu là ? — Je vous attends,
» — Comment, tu m'attends ! Je n'ai
» pas donné d'ordres. — Mais madame
» en a donné. — Il est fort plaisant
» qu'on me fasse voyager sans que
» j'en sache rien. Et où prétends-tu
» me conduire ? — Madame m'a dé-
» fendu de parler. — Et moi, je te

» l'ordonne. — Permettez-moi de vous
» désobéir pour cette fois seulement.
» — Que le diable t'emporte ; pars
» donc, et ventre à terre : il y a une
» grande heure que je ne suis pas avec
» elle.

 » Ah! il prend la route de Marome.
» On dîne sans doute chez madame
» Elliot, ou chez Montfort. Le beau
» mystère! C'était bien la peine de me
» délaisser pour cela! » Je boudais.....
mais je boudais tout de bon.

 » Hé bien, cet étourdi ne va-t-il pas
» me verser! Je crois en vérité qu'il
» descend le revers de la grande route...
» Me voilà en plein champ : que veut
» dire tout ceci ? » Je tire le cordon
pour arrêter les chevaux ; le cordon
vient à moi tout entier ; et nous cou-
rons toujours. Je veux baisser les
glaces, les tresses, les glands, tout est
ôté. « Ah, ah! madame a tout prévu. »

        R 2

J'essaie au moins à enlever de dessus
le verre la vapeur de mon haleine : elle
se reproduisait avant que je pusse rien
distinguer. « Allons, me voilà le pri-
» sonnier de madame ; nous verrons ce
» qu'elle a ordonné de moi ».

Le traître de cocher arrête enfin, et
vient en riant m'ouvrir la portière. Je
ne savais trop si je devais me fâcher ou
rire avec lui : il est plus agréable de
rire, et c'est le parti que je pris.

« La fin de tout ceci, voyons ?. Tu
» me descends en rase campagne : que
» veux-tu que je fasse là »? Il m'invite
à faire le tour de la voiture, et je me
trouve au bord de la prairie inondée
par le ruisseau de Caïlli, à l'endroit
même où j'étais descendu sur la glace,
trois semaines auparavant. Je lève les
yeux... Le petit pâtre avec ses patins ;
plus loin le jeune homme au gilet
rouge ; et à l'autre bout, tout au bout,

les trois dames précisément à la même place, les mêmes robes, la même attitude, et le même panier passé au bras de madame Elliot.

« Elle ne craint pas que j'oublie ja-
» mais le jour précieux.... Elle ne
» veut pas même me le rappeler ; elle
» veut que nous le fêtions ensemble :
» ce sont les actions de grâces du len-
» demain.

» Hé vite, vite, dis-je au petit pâtre,
» tes patins, mon ami, tes bienheureux
» patins ».

Une seule de ces dames suivait alors les mouvemens du jeune homme au gilet rouge ; la seconde ne voyait que moi ; l'attention de la troisième était partagée entre nous.

Point de carres, point de *renommée*. La course, rien que la course, et sur la ligne la plus droite. J'arrive, je

m'assieds à ses pieds, et je la remercie
de l'aimable surprise.

On n'avait pas oublié la moindre
particularité. Tout était là jusqu'aux
trois chaises. Le petit pâtre se présenta:
« Non, non, dit-elle, aujourd'hui j'ai
» quelqu'un avec moi, et ses services
» me seront plus agréables. »

Elle paya les patins du petit pâtre.
Je ne lui demandai pas combien : c'eût
été la forcer à me dire le prix qu'elle
y attache. Ne le savais-je pas déjà ?

Jeanneton et Thibaut vinrent nous
avertir que le dîner était prêt. Les fri-
pons ! Angélique avait à peine trouvé
la veille le moment de leur dire un
mot, et c'étaient eux qui avaient tout
arrangé.

Elle voulut coucher à Marome.
Nous avions plus de commodités chez
nous; d'ailleurs je craignais d'incom-
moder madame Elliot, et je préférais

retourner au Bois Guillaume. « Cette
» petite chambre, me dit-elle à l'oreille,
» cette petite chambre qui te plaît tant,
» ce petit lit, témoin discret de mes
» premiers soupirs, ne le seront-ils pas
» aussi de mon bonheur » ?

CHAPITRE XXVII.

Départ pour Paris.

Bastien n'avait donné que huit jours à sa femme, et elle n'en voulait pas davantage. Elle se plaît beaucoup avec nous; cependant au Bois-Guillaume, il lui manquait quelque chose.

Le petit congé tirait à sa fin, Thibaut avait promis de la ramener; ils disposaient tout pour se remettre en route.

La fin de l'hiver approchait. Il est à Paris des plaisirs pour toutes les saisons. Je marquai quelque envie de faire jouir la charmante femme des deux mois qui restaient encore. Elle répondit que Paris, le Bois-Guillaume, une cabane, tout lui serait égal, pourvu qu'elle fût avec moi.

Nos amis me pressèrent; ils firent valoir l'agrément de voyager ensemble, et je me déterminai.

J'ordonnai au jardinier, que j'établis concierge, de suivre en tout les instructions de Montfort; je priai celui-ci de veiller sur cette partie de nos propriétés : nous prîmes congé des lieux fortunés qui avaient vu naître et couronner nos amours, et nous partîmes.

Nous montâmes tous quatre dans mon ancien carrosse; Antoine, Justine et le cuisinier se mirent dans l'autre : l'équipage gris-de-lin menait madame Elliot, Adèle et Montfort, qui voulurent nous conduire jusqu'à Rouen.

L'officier de hussards mange habituellement dans cette auberge. Il fut frappé d'abord de la somptuosité des équipages; il le fut davantage de la

tournure et des grâces de ces dames. Il
ne paraissait pas bien sûr que je fusse
le même homme qu'il avait vu, voya-
geant à pied, avec le costume le plus
modeste : je le pense au moins, car il
me parut froid. Peut-être me prit-il
pour l'intendant.

Pour le désabuser, je le priai à souper. Je ne suis pas fâché qu'on me con-
naisse, quand le cœur n'y peut rien
perdre : je suis bien aise aussi qu'on
sache combien je suis heureux. D'ailleurs, pendant qu'il parlera bataille à
Thibaut et à Montfort, nous parlerons
tendresse, et il n'y aura pas de temps
perdu.

Il parut très-flatté de la proposition,
et il accepta sans se faire prier. C'est
un homme très-aimable quand il en
veut prendre la peine. Pas un mot de
guerre, ni même de lui. Il entretient
ces dames avec l'élégante facilité qui

annonce une éducation distinguée. J'essayai de le mettre sur ses campagnes ; cela ne prit pas, et je m'en consolai : la nuit commence pour moi quand je veux.

Nous nous séparâmes le lendemain matin des bons parens. Des larmes roulaient dans tous les yeux. On les sécha, en se promettant de se revoir.

Nous arrêtâmes devant la chaumière des trois marmots : je lui avais conté leur histoire. Elle déposa aussi son offrande, et elle emporta sa part de leurs bénédictions.

Nous allions à très-petites journées. Quand on est ensemble, on n'est pas pressé d'arriver.

D'ailleurs nous avions le carrosse gris-de-lin qui marchait à vide, et sans y penser, nous y montions quelquefois. Il est des momens où on a besoin de se recueillir, de parler fermages, détails de maison... et d'autre chose aussi.

Nos amis souriaient quand nous lles rejoignions..... Elle rougit beaucoup moins; elle commence même à sourire aussi... On se fait à tout.

FIN DU TOME PREMIER.

www.ingramcontent.com/pod-product-compliance
Lightning Source LLC
Chambersburg PA
CBHW070605100426
42744CB00006B/404